ジジイの片づけ

沢野ひとし

集英社

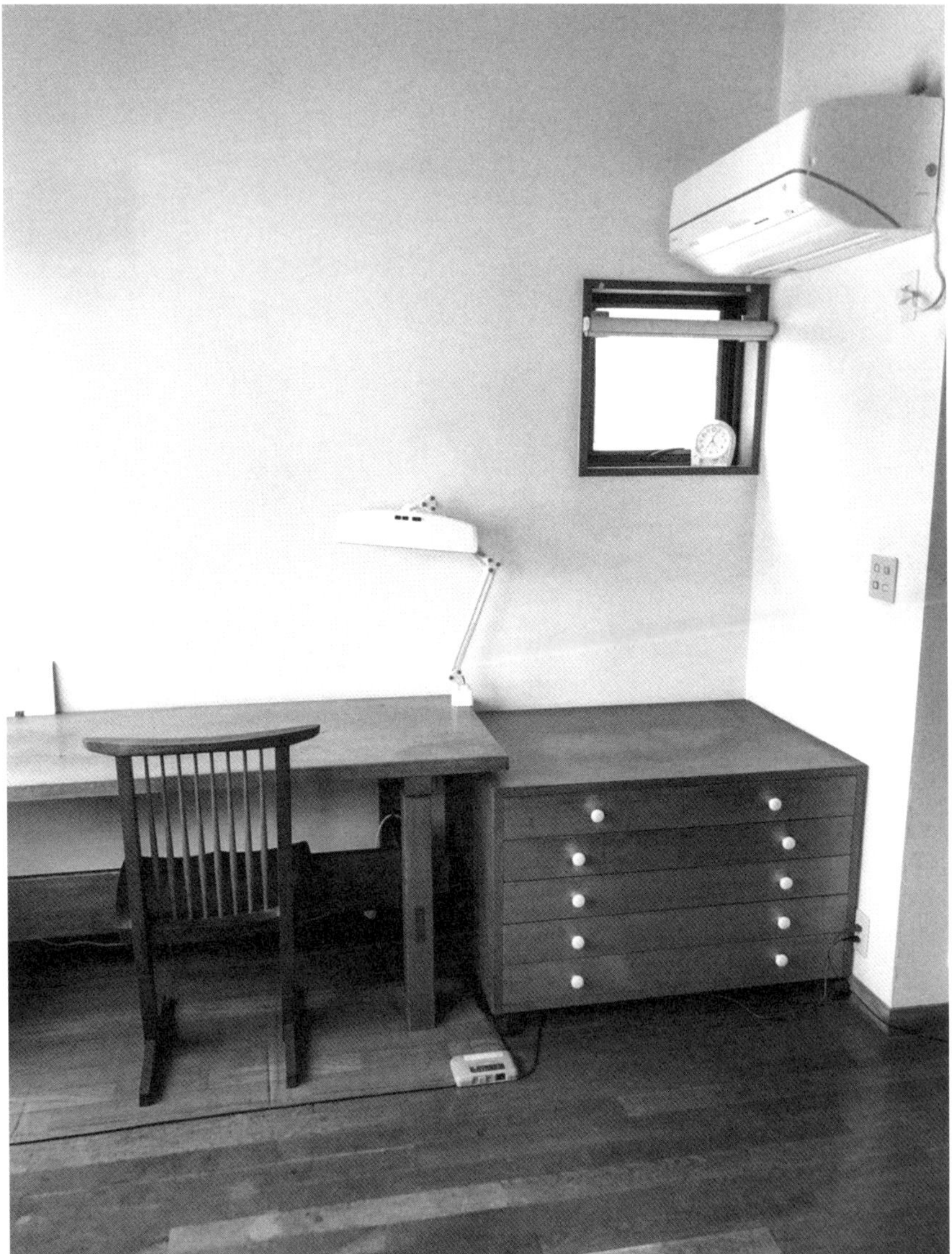

アトリエの机と引き出し。作業していない時には本や文具類をいっさい置かず、まっさらの状態を保つ。引き出しの中には、画材や筆記具、紙類を並べている。

作業中の机上には、書類や筆記具、付箋、参考にする資料などを盛大に広げる。文章を書く時もあれば絵を描く時もあるため、同じ机でも表情が多彩に変化する。そのためにも、毎回作業を終えたら机からすべてを取り去るというプロセスが欠かせない。

（上）アトリエ内にある洗面スペース。オブジェ以外は何も置かない。画材で水を扱う時にも役に立つ。（右）本棚。多くの本の中から、特に繰り返し読む蔵書を机脇の本棚に並べる。本と本の間に空間を持たせることで、快適に出し入れができる。（左）バタフライテーブルに広げた原稿など。いくつもの書類を俯瞰（ふかん）しながら書き進める時は、最大サイズにして使う。

キッチン。シンクにもたっぷりスペースが設けてあり、料理の下準備から調理、皿洗いまで家族との会話を楽しみながら行うことができる、家のメインステージ。

まえがき

若い頃は部屋をモノで溢れさせるのが喜びであった。レコード、ギター、カメラ、登山道具、本、画材道具、新しい文房具。会社の帰りにその時に興味を持った品を、少々値段が張っても購入していた。

やがて月日がたって自分の歳を意識すると、モノに囲まれた生活が疎ましく、「もっと自由になりたい」とモノに縛られない暮らしに方向転換する。若い頃には好きなモノを買えることが自由だと思っていたのに、不思議なものだ。

モノは長年生きるほどに増えていく。「そろそろ片づけよう」が「今年中には片づけよう」になり、やがて「死ぬまでに片づけられるといいな」になる。気に入って買った品々は人生という思い出をまとい、いよいよ処分しがたく、ついには部屋のあちこちを占領しながら居座る。

そうなると、自分が好きで買ったモノのために自分の居場所をなくすようなものだ。その一線は越えるまいと、若い頃から掃除と整理整頓は守ってきた。そしていい歳を迎えた今、この心がけはジジイが輝く一筋の光だと思う。こうと決めたら不要なものは排除し、身の周りを小綺麗にするという決断力と行動力こそ、ジジイの十八番(おはこ)である。

心が晴れない時ほど部屋、家の片づけをするのが一番だ。掃除をし、体を動かし、片づけ方を発見すれば、思考も変わり、新鮮な気持ちになる。

使わなくなった物を整理処分すると部屋も広く、心も明るくなってくる。捨てる時には一瞬気の迷いも生じるが、捨てたあとには壮快そのものだ。何に迷っていたのかということさえ忘れ、新たに生きる勇気が蘇ってくる。

二〇二〇年の新型コロナウイルス感染症の発生と、その世界的流行は、私たちの生命を脅かす出来事で、予想もしないことだった。日本では一月に感染者を初確認、その後四月には政府による緊急事態宣言が発令された。そこからは、外出自粛の日々である。

マスクや除菌製品は店頭から姿を消し、人との接触を断つようになった。それまでの日常生活における優先順位はことごとく覆され、野山の花々も満足に眺めに行けないことに意気消沈した。

なにより、好きな海外に出られないことが一番堪えた。スーツケースは、部屋の片隅に佇んだままじっと動かない。この身ひとつ、家から気ままに出ることができないのだ。すべてを振り切って出かけたところで、感染リスクと隔離生活が待つのみなのだから、旅も諦めるしかない。

そして外出自粛生活をしていると、家がひとつの地球のように感じられた。買い物や娯楽を楽しむ解放感や旅の高揚も、この家の中だけで味わえというのだから、地球もずいぶん小さくなったものだ。しかし、そこには終わりなき旅が存在している。それが、「片づけ」である。

家に人が生活する以上、毎日ゴミはたまるし埃も舞う。家の中にあるモノは人の動きに合わせて移動していき、放っておくとすぐ山積みになる。ゴミがたまり、モノが山積みになっては、人生が進展しない。旅で荷造りをするように、それを目的地まで運び、荷をといては不要なモノを取り除いて運びやすくするように、私たちは片づけという旅の中で生きている。

ホームセンターに行くと、お掃除コーナーで人が密になっていた。そのなかに手が届かない棚の上や天井の隅の埃を取る、柄が自由に伸びる小型のモップ製品を手にして、思案に暮れているひとりのジジイがいた。確かに角の密集した狭い場所に埃は忍び込み居座る。

私は思わずそのジジイに駆け寄り、「片づけ」や「掃除」「捨てること」について語りたくなった。

ジジイは古い革靴を捨てたい。大事にしていたカメラももう捨てたい。十年前の携帯電話もレコード盤も捨てたい。帽子もコートも捨てたい。

机の中のすべてを捨てて、野山をパンツ一丁で駆けめぐりたい。その時こそ、きっとジジイはジジイであることの自由を満喫する。

モノを手放したことでいっとき寂しくなっても、ジジイの体と心は喜んでいるはずだ。朝日が眩しいように、一番大切なものが燦燦(さんさん)と見えてくるからだ。

モノの片づけは、心の片づけでもある。

さっぱりと片づけて、もう一度夢多きあの頃に戻ってみよう。

「ジジイの片づけ」は本人も周りの人も幸せにする。

沢野ひとし

目次

まえがき　5
毎日同じことを習慣づける—朝の10分間片づけ—　14
人生に不安を感じたら窓を拭く　22
老人よ大志を抱け、引き出しを検討せよ　28
引き出しの一番上は空にする　34
片づけも、一汁一菜　42
ノートや手帳は、最後まで全部使い切ると自信が湧く　46
薬箱は整理整頓をしない—整理整頓と片づけの違い—　52
明窓浄几(めいそうじょうき)の部屋　56
旅行鞄とその中身は、自分の部屋の小型版　62
命短し床下収納　70
洋服タンスの定期点検　78
ギター職人の片づけの極意　86
ペーパーナイフ　92
別れた夫婦とカーテン　98

ロサンゼルスの若造の家 104
家は生きている作品 112
種差(たねさし)海岸の別荘 120
海を渡った原稿用紙 126
別荘の夢を片づける 132
山登りは片づけ 140
赤いポットと捨てられない癖 148
パリジェンヌはバスタオルを持たない 154
死んだあとの片づけ 162
あとがき 170

百文字コラム

朝の10分間片づけ 20
早朝10分間捜査 21
窓拭きを忘れない 27
引き出しの扱い方 40
白湯でお茶を片づける 41
掃除機を片づける 60
ホウキの底力 61
鞄のパッキング 69
台所は明るくモノを少なく 76
冷蔵庫はシンプルに 77
クローゼットを開け放つ 84
洗濯で身を整える 85
コードやコネクター類 91
「片づけなさい」の教え 97
階段に気を抜かない 118
ペットがいるから片づける 119
耳かきと掃除 146
鎌倉の片づけ魔 147
キッチン家電を見直す 161

装丁　南伸坊

ジジイの片づけ

沢野ひとし

毎日同じことを習慣づける――朝の10分間片づけ――

朝起きて洗顔をしたら、リビングルームや机の上をまず片づける。このことをほぼ習慣にして、日課のごとく体を動かしている。

ジジイは早朝から片づけに専念したい。なぜなら長年生きてきて、朝の時間は大切だとつくづく悟ったからだ。一日のはじまりに、まずどう動くか。その行動いかんで一日は、また将来は決定づけられると言っても大げさではない。そこでまず片づけをして体を動かし、一日の助走をつける。台所の流しにある食器類、読みかけた昨夜の新聞、孫が来た時に使った玩具類、玄関に散らばった靴、そういったものを「元あった場所に戻す」、これが片づけの基本中の基本である。

私は毎日決まって五時に起床をする。朝は脳が一番活性化している。そのためにも前夜の質の高い睡眠が大切と脳科学者が言っていた。したがって連日の深酒は良くないと学者は言う。酒を飲むと体はたえずアルコールを分解しようと夜中働いているので、睡眠不足状態になる。

質の高い睡眠のあとに起きると、まずその日の仕事のことで頭の中が

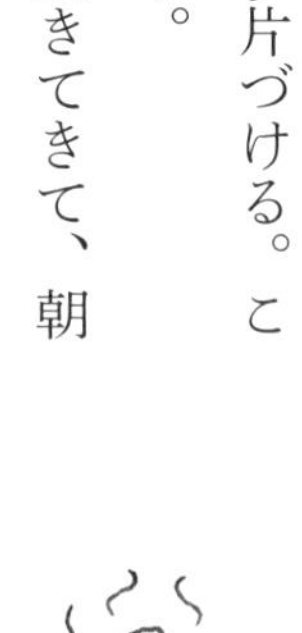

いっぱいになる。なにやら頭脳は画策している。私はこれまで絵や文を書く仕事をしてきたので、「とりあえず絵はあの構図に落ち着かせよう」と考えながら、日課の10分間片づけ作業にラジオ体操をまじえて、手足を動かす。体を解(ほぐ)す要領で、リビングやソファの上に散らばった昨夜の雑誌や新聞などの片づけの作業に入る。

片づけをしながら体を解す理由は、思わぬ筋肉痛や捻挫を避けるためでもある。スポーツ選手は怪我を防ぐために準備運動を欠かさない。ジジイも腕や膝を痛めては、片づけはおろか近所の散歩もままならなくなる。起き抜けのストレッチを兼ねて片づけをすることは一石二鳥なのだ。テーブルやイスの上にあったものを元の位置に戻すだけでも、部屋の中はずいぶんスッキリして見える。部屋の中が乱雑になっていると、気持ちも萎えるか、逆にイラつき感情が高ぶるものだ。

朝の10分間片づけを習慣にすると、部屋の中にはジワジワと良い気が流れてくるようにゆったりとしてくる。この時に、新たな収納ボックスや収納カゴを使ってはいけない。収納は片づけとは別のカテゴリーに入る。朝の片づけは「元の場所に戻す」ことに集中するのが鉄則である。

さらにその時にいくらか冷酷な眼をして「捨てる」行為に走ることも

大事である。元の場所へ戻す時に、引き出しにあったカトラリー類を冷めた眼で見つめ、結婚式に出席した時にいただいたフォークのセットも毎回引き出しを開けるたびに邪魔だと思っていたはずだね、と自己に冷たく問う。この際に処分をしよう。こうして引き出しの中身を減らしていくと、整理も楽になる。何層にも重なった箸や小さな杓文字（しゃもじ）、スプーンなどが必死にひと固まりになっているが、解してあげると、カトラリーたちも居心地良くなるのか、利用しやすく輝いてくるものである。

たった10分間だけでも、片づければ何も置いていない空間が生まれる。ただ元の位置や場所に身動きできないほど物が詰まっていたり、引き出しが満員御礼状態では、それは無理である。空間を生み出そう。物を捨てることは、空間を作るという生産的な行為なのだ。

会社勤めや仕事が忙しい人は、朝は猛ダッシュで家を出ていく。そういう真面目な人は帰宅したあとに「10分間片づけ」をしたら良い。あるいはできるタイミングでその癖をつけると、自然と身についてくる。

起床するなりラジオ、テレビ、スマホ、新聞が無意識の習慣になっている人がいるが、災害の時ならそれもわかるが、平常時に毎日氾濫する

情報はむしろ害になることの方が多い。事件や事故のニュースばかり聞いていると、気持ちの沼底に、落葉が沈殿していくように暗くなる。

収納ボックスやタンス、納戸も、早朝にいきなり刑事が家宅捜索をするかのように、冷酷に開く機会が必要である。私はそれを「早朝10分間捜査」と名付けている。

早朝、人は判断力が高まり沈着冷静になれる。たとえば五年間も袖を通さなかった上衣――高級で値段も高いブランド品であるが、部屋のクローゼットに吊りさげられているだけ――ならば処分しかない。

透明な収納ケースにしまい込んだ中国旅行の時に集めたパンフレット類も「身を捨ててこそ浮かぶ瀬もあれ」と良くわからないことをつぶやきながら、紙ゴミの日に出せるように縛りつける。さらに思い出のホテルのパンフレットにも別れを告げる。

そして空になった収納ケースを手にすれば、決意を新たにして、そのケースもゴミの日に捨てることにしよう。

冠婚葬祭やパーティーはだいたい二時間くらいが一般的なならわしとなっている。片づけもそんな宴だと思って、たまに二時間も掃除をすれば、心も華やぎ家中がスッキリするものだ。そして朝の限定「10分間片

づけ」を日課にすれば、家も頭の中も清々（すがすが）しくなる。

場所を変えて少しずつ毎日やることを日課にしていくのもいい方法である。処分をするために本棚の前にいる時は完全に腹が据わり、澄みきった心持ちでいることが望ましい。

私の書籍類は一階に三千二百冊、二階に八百冊と約四千冊である。そのうち文庫が六百冊で一階の床に三百五十冊が積み上げられている。だいたい物書きは知らぬ間に三千冊前後は本を手元に置いてしまうものだ。一万冊を超えると、壁中を本が圧迫するように覆い、所狭い状態に入る。「本をもっと整理したい」これが物書きの共通の願いである。部屋を増築しても、本はアメーバのごとくいつの間にかしのび込んでくる。床が本で抜けないかと真剣に心配しながら暮らしている知人も何人かいる。「朝の10分間片づけ」で本棚の前に立つ時は、対峙する本を威圧するかのごとく尊大かつ横柄な態度で接して欲しい。定価に関係なく、今必要ない本は私情を殺し、手を伸ばし、処分するべく床の上にどしどし積み上げよう。

二十年前に本棚の本に悶え悩んだことがある。それは高価な山岳書や美術書で、たいてい立派な箱に入っている。あるいは発送用なのかダンボール箱もある。ある朝思い切って、まさに清水（きよみず）の舞台から飛び降りるようにして、それらのケースを捨てたことがある。この箱類を捨てることは、かりに古本屋に持っていっても、買い取り値段がぐっと下がることでもある。

しかし早朝の決断は、高価な美術書だからといって手加減することはない。容赦なく、箱、厚手のビニール、ダンボールケースが剥ぎ取られていく。そして床には化粧箱というべき箱がおびただしく散乱していた。今まで愛していた女性に振られた時の心境のごとく、少し淋しく悲しい気持ちになるが、恋はもう戻ることはない。そしてケースなき本を再び棚へ戻すと、なんと清々しく、あれほど押しくらまんじゅうだった棚がスカスカになっていた。さらに本の書名が一目でわかるようになった。

朝の10分間片づけ運動でなにが変わったかというと、本棚になにがあるのかを把握できるようになったことである。家の中の疲れはジジイの体にも出てくるものだ。疲れは早めに取って、家と体の健康を日課にすべし。

百文字コラム

朝の10分間片づけ

毎日たった10分と思っても侮るなかれ。起き抜けに、心もすっきり片づく感覚は爽快満点。

10分間でできることはけっこうある

まず部屋をぐるっと見渡し、元の場所に戻っていないものを戻す。ゴミになるものは捨てる。不要な郵便物や新聞、洗面所やトイレの棚、レジ袋の分類や処分など、時間をかける掃除の時は後回しにしそうなことも効果的。

便利な道具も駆使しよう

10分間片づけは気軽に行うものなので、道具も片手でパッと持てるものを使おう。小さなホウキや雑巾、化学繊維の埃取りなどを使ってサッと掃除する。道具はすぐに取り出してしまえるところに置いておくと、楽になる。

毎日続けることが大切

はじめから飛ばしすぎてはいけない。無理をすると体がつらいと記憶する。大事な点は、毎日続けることにある。朝起きると体が勝手に片づけをはじめる、片づけないと朝起きた気がしない、という風になれば幸せになれる。

百文字コラム

早朝10分間捜査

月一度くらいは真実を暴く捜査官になったつもりで、冷酷に家の雑然エリアを一掃しよう。

迅速に取りかかる

「捜査」をはじめる前に、気持ちを引き締めよう。手ぬぐいやタオルを頭に巻くと、判断力が冴えるかも知れない。ジジイに許された時間はわずか10分である。「必要なもの」と「必要ではないもの」を情け容赦なく分けていこう。

捜査官の目線で厳しく

「思い出のあるものだから」――そんなことは関係ない。思い出もあまり長く手元に置いておくと、片づかない思い出に変わってしまうだけではないか――そんなきっぱりとした捜査官目線を持ち、冷酷に自分の心と向き合う。

ゴミこそが捜査の戦利品

今の自分は決断力の塊である。10分間を終えたら、早々に戦利品＝捨てるものをゴミ袋にまとめ、人目につかない場所へ持ち去る。ゴミ集積場があれば、そのまま捨ててもいい。捜査終了後は、白湯でもおいしくいただこう。

人生に不安を感じたら窓を拭く

年寄りやジジイはもちろん、中年、若者、子どもに至るまで、とにかく休日は早朝から働いてもらいたい。少なくとも五時には起床して、静かに物音もたてず洗顔、寝床を整えたら、ひっそりと力強く家の窓をすべて開け放って欲しい。

春夏秋天「起きたら窓を全開」を肝に銘じる。中国から伝来した「風水」ではないが、自然界のエネルギーを活用して、健康を培い、疲れやストレスを吹き飛ばす伝承学である。

窓を開けて新たな気を入れると、今まで淀んでいた空気をまるごと総取り替えすることにより、心も体もすっきりしてくる。ラジオ体操が終わる頃には「さあ今日も一日元気に」とジジイの眼も光ってくるものだ。窓を開け放つことで、部屋には陽の光もさす。室内に風や自然光が明るく入ってくることにより、人間も快適になってくる。

閉め切った家は傷みが進むといわれるように、体にも新鮮な空気を、気を入れなくてはジジイはすぐにへたりおちぶれてくる。貯金や年金ば

かり気にする暇があったら、窓周りの点検をして、「二十年、少なくともあと十年は元気に生きるのだ」と空に向かって両手を合わせ祈ろう。

「眠れない、疲れが取れない」と口癖のようにつぶやいているジジイがいたが、いろいろ環境を聞いてみると、原因は家の中に気がとどこおっていることにあった。窓を全開にしたら、あら不思議、すっといつの間にか不安が消えてしまったという。

高層のタワーマンションに住む人は窓を開くことはできないかも知れないが、外の気を取り入れることはできるはずだ。

そんな私たちの未来を担う窓だが、その窓の縁に物を置いている人が多い。花瓶、クマがシャケをくわえた木彫、瀬戸物の人形などと、窓とは全然関係ないものを、まるでお土産屋の店先のように、ずらっと並べている家がある。これでは気が入るのをわざわざ邪魔しているようなものだ。窓は風水にてらしあわせても、大切な気の入り口である。

とにかく窓の開け閉めを阻害する物はことごとく、すべて残らず処分するか、ダンボール箱にひとまず入れて休憩させよう。

正直を言うなら、カーテンさえ邪魔である。あの広大でひらひらした布は窓からの貴重な気を遮り、少し眼を離すとたちまち埃と汚れと湿気の温床となる。よって私はロールカーテンを使うか、小さな窓にはベニヤ板をもたせかけるようにしている。

窓のサッシや桟は傷みやすいので、労を惜しまず開閉点検して、円滑に支障なく窓が開くかチェックすべきである。

窓の開閉がうまくいかないために、そのまま放置し、大切な窓を封鎖してしまう。そんな家庭があるが、気が入る道を一つ失い、せっかくの幸せを一つ逃すことになる。

窓のサッシには細かい落葉や土埃が案外たまっているものだ。小さなホウキと掃除機でゴミや汚れを取り除き、窓を支えている滑車にスプレー式の油をさしてあげると、その後の人生も円滑になる。

このサッシに汚れがたまってくると、台風の時など室内に雨が垂れてくることがある。どこもここも暮らすことに油断は禁物である。

小春日和のような日には、時には行き過ぎかと思えるほど、窓にはじまり、台所の引き出し、下駄箱、納戸、押し入れ、洋服タンス、トイレ、

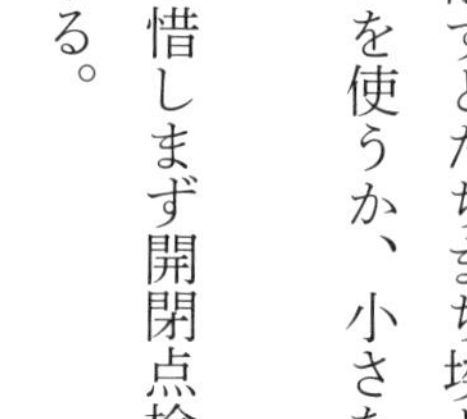

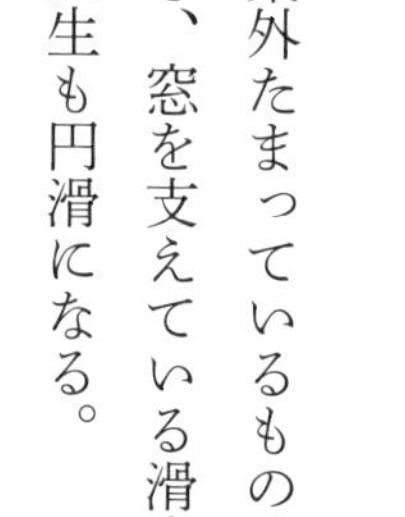

さらに洗濯機の蓋と、開けられる物すべての内部に新しい空気を、気を投入する。
夕暮れまで開けておくと、たしかに家の中が軽くなった気がする。日本はとにかく湿気が多く、閉め切っていると生乾きの嫌な臭いが部屋についてしまう。天気の良い日は、窓、戸、引き出しと、空気の入れ替えに積極的になろう。

雨の日も、小雨くらいなら窓を開けた方が外の空気が入り、風通しが良くなる。我が妻は「雨の日まで開けるなんて」とふくれっつらをしているが、強風やはげしい雨の時は窓を閉めるが、小雨の時は、吹き込まないと思われる窓は開いておいた方が良い。このことを知らない人が多い。窓を開けて良い気を取り入れていたから、私たちの夫婦仲もケンカは多いが円満だったのだと信じてやまない。

ジジイはとにかくひがみやすい。「どうせオレの将来などしれたもの」「どうせ金で行きづまる」「どうせもう恋などない」とすべて暗い方向に思考がかたむくものだ。

こうした将来の漠然とした不安には、どうしたらいいか？　そのまま酒を口にすれば、やがてアルコール依存症になるのがせいぜいだ。

不安を感じたら、窓ガラスを磨くことだ。窓拭きは、自分の心の汚れも落としてくれる。窓の掃除にはあの時行ったなあという、伊香保や熱海の薄い温泉タオルもいいが、何より新聞紙が最適である。

晴れた日より曇りの日が窓ガラスの掃除に適しているといわれても、悩み多いジジイは天候に左右されることなく､思い立ったが吉日である。

窓ガラスは外側が汚れているという印象があるが、意外にも内側の方が汚いものだ。特に愛煙家は驚くほど内側のガラスが汚れている。

だからこそ、窓拭きは内側から作業を進めたい。プロの業者がやるように、窓をすべて外してしまう方法もあるが、腕力が弱く体力が衰えてきたジジイには危険なので、無理のない方法で挑戦しよう。

窓ガラスの掃除道具もいろいろあるが、基本的には濡らした新聞紙を両手に持ってせっせと動かし、ラジオ体操気分で拭けば良い。

窓が汚れている状態では気分も落ち込むものだ。逆にきれいにすることで、ジジイの心も晴れて、自信を持って背筋を伸ばし、明日へと歩いていく力がよみがえってくる。

百文字コラム

窓拭きを忘れない

曇った窓ガラスの中で暮らしていると心もすさむ。窓拭きはぜひ、片づけの日課にしたい。

窓は拭くためにある

新聞紙を丸め、少し水に濡らし、あとはひたすら上下左右と激しく動きまわり、また乾いた新聞紙でガラスを磨く。なぜ新聞紙が良いかというと、新聞のインクが汚れを取り、輝きを増す役割を同時に果たしてくれるからだ。

新聞紙を味方につける

がんこな汚れは濡れた雑巾、ゴムワイパー、新聞紙を勧めたい。四の五の言わず、新聞紙に身をまかせて欲しい。部屋側が終わったら、外側である。水をかけ、サッシのゴミを割り箸で除去。食器洗い用洗剤を薄めても良い。

窓のタイプによって手出しはしない

二階の手が届かない嵌(は)め殺しの窓は至難の業である。危険なので専門の業者に頼んだ方が転落事故を未然に防げる。ジジイは旅先のホテルで、そこの内窓を拭いて磨いた。状況に応じて自ら行い、安全な窓拭きを続けよう。

老人よ大志を抱け、引き出しを検討せよ

机やタンス、台所の引き出しは危険である。使いやすいように引き出しがあるのに、なにやら物がごっそりと入っており、夕方のスーパーの駐車場と似て動かない。

フォークやスプーンのカトラリー類、ワインのコルク抜き、箸にしても大小とソバ屋の割り箸より多く、引き出しを開けるたびに「ああ、片づけなくては」と思うはずだ。

引き出しは収納場所ではないと明確に理解することだ。引き出しは毎日利用するもので、出しては入れるを繰り返す物ばかりが入っているのが正しい用法である。開けるたびに物がつっかえて不快になるようでは健康にも悪い。

ジジイだってこの先けっこう長いこと元気に生きなくてはならない。その第一歩は、「引き出しの整理」からはじまる。

掃除や片づけの基本は「まず自分の机、自分の部屋から」である。他人の陣地まで踏み込むことは争いの原因になる。まずは自分の机の中からスタートを切ろう。引き出しを引っぱり出してみて、毎日は使わないもの、日常生活には必要ないもの、といった類を、迷うことなくこの際すぐさま処分する。

床にダンボール箱を置いておき、どうしても気になるものは、ひとまずそこへ落としていく。

ボールペン、鉛筆、使いかけの手帳、何本もの耳かき、こういった文房具などがぎっしりと詰まっているはずである。捨てるかどうか明確な判断がつけづらかったら、思い切って「値段」にすがり付く手もある。

使いもしないボールペンは何十本もあるが、「合計いくら？」と暗算し、かりに「千円にもならない？」と思ったら、使いやすいボールペンを一本、いや二本選んで、あとはすべて捨てる。これは大切なカランダッシュ、などとこだわる品だけダンボールの「どうしても気になる、とりあえず箱」に入れる。とはいえ引き出しの中については「とりあえず」はもうこの際だから、原則として禁止する。

ジジイは短気だから「よーし捨てるぞ」と決起すると、行動は早い。

一段目、二段目と引き出しの中がからっぽに近い状態に追い込む。面倒な考えはやめて、三年あるいは五年も放置されてきた筆ペン、インクなどは、もう使用できないはずだと判断して捨てる。

そして片づけながら、引き出しの中をお菓子の空き箱などを利用して、定位置を決めながら区切り、分類して欲しい。

小銭を山のように缶に入れ、引き出しにしまっているなら、すぐさま搔き集めて一ヶ所に集合させ、銀行か郵便局に持ってゆき、自分の口座に入れよう。

引き出しは細かいことにはこだわらない、大らかな性格を持っている。だからといって油断して駅前で配っているティッシュペーパーなど、不要なものは持ち込まない。

自分でも冷淡と思えるほど、何本もあったボールペンを捨て、引き出しの中を空にすると、なにか大きな仕事をやりとげたかのような満足感がえられる。

「やればできるじゃないか」とジジイも生きる自信が湧いてくる。

引き出しの三段目、四段目と進んでいく頃には、片づけるのが楽しく、

まるでハイキングでもしているような気分になり、流れにのって捨て方も大胆になってくる。

「二千円くらいのものは捨てる」「また困ったら買いなおせばいい」「旅の恥は掻き捨て」などと気ままにつぶやきながら、中国で買った飾りの付いたルーペも捨てる、スイスのエコバッグも捨てる。

こうして机の引き出しの中の掃除が終わると、これはもったいなくて到底処分できないといったものがダンボール箱に収められてきた。「とりあえず」のダンボール箱も、もう一度沈着冷静に、冷めた眼で見つめると、「この水彩道具ももういいかな」と自分でも呆れるくらい、きっぱりとした態度に出られる。そうなれたらもう、こっちのものだ。

捨ててもいい設定金額も、いっそ三千円ぐらいにアップしてしまうと、片づけのスピードも増してくる。

引き出しの中をからっぽにすると、逆に新しい文房具を買う楽しさに気持ちが移行してくる。引き出しの中が使いづらいと感じたら、そのつど配置を動かすことによって、さらに使いやすくなる。引き出しの中は頑固に固定するものではない。

ジジイの私の天井まで届く本棚の引き出しに、妻には見せられない手紙の束の包みがある。携帯電話をまだ手にしない頃の手紙類だ。当時は都内に小さな事務所を借りていて、そこの住所宛てに手紙が来ていた。相手は仕事で知り合った翻訳書出版社の女性で、英語が堪能な聡明な人であった。勿論結婚しており、中学生の子に、旦那は医師であった。手紙には事務的なことが書いてあったが、見る人が見れば、明らかに怪しい内容のものであった。なぜならば、封筒にかならず記念切手が貼られていたからだ。会社から出す事務的な書簡に、かわいらしい記念切手を使用する人は少ない。

この手紙の束の処分が長いことできなかった。読み返すことはまったくなかったが、捨てることはしのびなかった。やがて月日がたち、手紙の主はガンで六十歳を前に亡くなってしまった。その知らせを聞いた時、一瞬胸が詰まり、ツーと涙がこぼれた。その後も時折、彼女のことを思い出していた。

あの世に持っていけるのは、思い出だけなのだ。

多くの人は年賀状や手紙類は捨てられないと嘆く。確かに手紙には、

その人のたたずまいや息づかいまでもがそのまま表れている。

しかし年寄りになることは、身の周りの整理、手紙類もいつか処分をしておかなくてはならないことでもある。部屋、引き出しの中をゴミだらけにして亡くなることが、一番の恥である。自分の欠点や失敗は後に笑われてもいいが、ゴミ屋敷のままあの世へ行ったとは言われたくない。

ある星の降る冬の夜、彼女からの山のような封筒を置いて、眼をつぶったままトランプを抜くように一枚取り出した。その一枚を机の五段目の引き出しに入れた。この引き出しは、死ぬまで大事に大事にしておきたい物だけを入れる場所である。

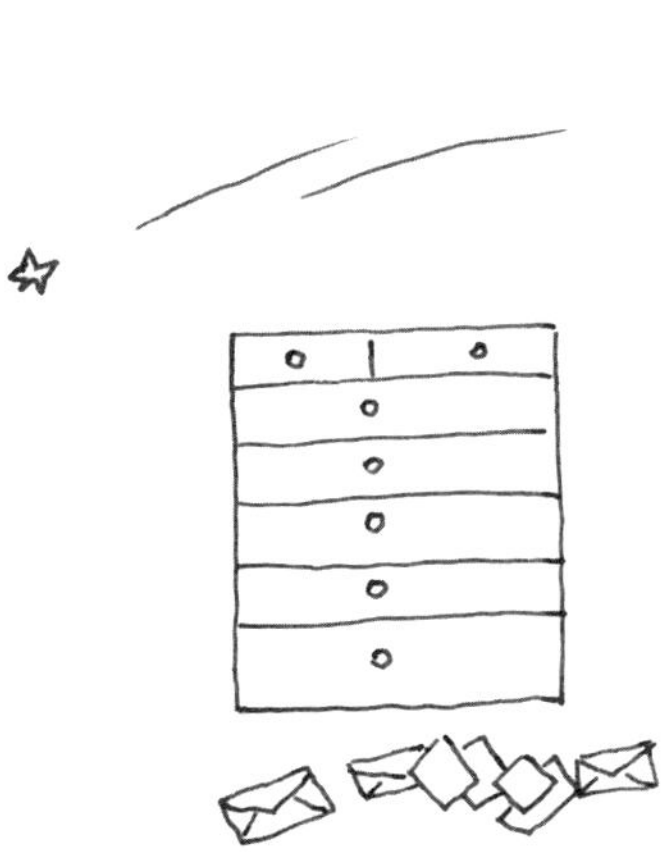

引き出しの一番上は空にする

机の一番上の段の引き出しは、いつも中に何も入っていない状態にしている。ここは緊急の避難場所にしているのだ。たとえば「明日の早朝に急きょ取材で高松に行く」といった時に、旅行バッグとは別に、避難引き出しに、取材ノート、財布、スマホ、航空券といったものを前日に入れておく。

なぜはじめから鞄や肩から提げるバッグに入れておかないかというと、すでに衣類や洗面道具は突っ込み、出発の準備は完了しているが、ふと高松のことが書かれている本のことを思い出して本棚から抜き出し、一番上の引き出しにとりあえず入れておけば、出発の時に「やっぱり本は重いからやめておくわ」となっても鞄の中からごそごそ抜いたり整えたりしなくてすむ。

一番上の引き出しを空にする癖を付けて何十年もたつが、これで「歳のせいか忘れっぽくなった」ということがいくらか減った。

「明日は病院に行く」となったら、その引き出しに、診察券、保険証、

おくすり手帳がセットになった透明な袋をほうり込んでおく。または老眼鏡も入れる。

各引き出しへ大雑把に乱雑に分類されていたものの、その場その場の行動に沿った「選抜試験」に合格した物だけ、避難場所の引き出しに入れて、用事、用件が終了すれば元の位置に戻す。

外出から帰った時も、まずこの空の引き出しに、ポケットに入っていたすべての物をバラバラと入れる。財布、時計、さらに鞄の中に押し込んだ居酒屋やタクシーの領収書と入れていく。そして各領収書は次の月の整理ファイルに収まり、穏やかで安楽の日々を過ごす。

この空の引き出しは、知性の箱でもある。気になった新聞の切り抜きや、ふと思い出して本棚から移してきた本などを、ひとまず入れておく。出版社から送られてきた、まだ封を開けていない雑誌、あるいは手紙類、振込用紙などもとりあえず空の引き出しに入れておく。そして落ち着き暇な時や、時間が取れた時に、必要としないマンション広告や書類は捨ててしまう。一時の保管場所なので、とっておいても役に立たないもの

は、つれなく処分する。

引き出しだけでなく、本棚の一部も空けておいている。このことを教えてくれたのは、三万冊を超える本をかかえている作家である。仕事場、自宅と合わせると、さらに量が多いかも知れない。

彼は本棚の一番右側のすぐに手が伸ばせる場所を空のスペースとして常に確保している。つい最近購入した本や、次に必要となるであろう本を、そのスペースに保管して原稿が終わると元の位置に戻す。

私の本の量は常に四千冊前後で、それを超えるとダムの放流をするように古本屋に持ち込むか知人にあげてしまう。

絵を描いて生活しているので、大判の美術書や写真集が増えてくる。たびたび中国大陸を旅しているが、中国の画集や美術書は想像を超えて大きいものがあり、新聞紙と同等サイズの画集には置き場にいつも苦労してしまう。そうした本はベニヤ板で挟み、壁に立てかけてある。

本棚の一角を空のスペースにすると、仕事の効率がぐんと上がるといわれ、私もすぐさま実行に移したが、これは些細なことながら便利で、実に役に立っている。

私の部屋には大きな仕事机の横にそれと合わせた本棚があり、やはり一番右側をわずか三十センチほど、たえず空にしておき、思い立って資料で使用しそうな本をひとまずそこに置いている。

空の引き出し、本棚のスペース、この二つだけで整理することが知らぬ間に身についてくるものだ。

私は朝五時に起床したあとにその日の洗濯や片づけをすますと、仕事に向かう。頭脳は早朝が一番クリアーで冴えているといわれる。夕方や夜になると、頭も体も疲れ、頭脳から勉強する意欲や知性が消えていく。もともと頭の悪い私のような人間は、たしかに早朝が一番大切な戦いでもある。

そんな時に、本棚の周りやあれこれ引き出しの中を探っているようでは能率が低下してしまう。私にとって早朝から午前中が勝負なので、物を探し求めてあちこちをウロついている暇はない。

ただ床に物を置いてはいけないと知りつつ、現在も三百五十冊が床に積みあげられて、床の本は帰宅困難状態を起こしている。「ひとまず床に」が片づけの失敗であることは理解しているが、すでに本棚は満員電車で、床というプラットフォームに置いて我慢していただく。

机の引き出しや本棚、あるいは薬箱などには隙間を用意しておくことが極めて大切である。旅行トランクにしても出発の時から一分の隙間もなく、物を入れてしまうと旅行そのものが窮屈になってしまう。

整理整頓も行き過ぎると息が詰まり、ロクなことはない。それよりもたえず余裕ある隙間、空間を作る方が大らかな人間を作りあげる。

本もＣＤも、食事と同じような生(なま)ものである。その作品、その音楽に興味が薄れてきたら、そこから人は離れ、新しいものを発見、発掘してゆくものだ。その好奇心が人の気持ちを再生させる。だから処分することを恐れないでほしい。

引き出しや本棚の一部分を空にしておくことは、ジジイの怠けていた体や頭をも覚醒させる。これはたった一つの誰にでもできる作業である。

空にしておくというのは、そこに空気を置いているということだ。置いた空気はすぐに、人を活力溢れる行動へといざなう。

収納ボックスがいくらあっても物が片づかないように、引き出しに物がギシギシに詰まっていると、気持ちがいつになっても晴れない。秋空のように爽やかな心地になりたいなら、空の引き出しと本棚からはじめよう。

百文字コラム 引き出しの扱い方

引き出しは、常に出入りが繰り返される場と心得よう。しまい込んでばかりでは心も傷む。

引き出しは毎日引き出すためのもの

開かずの引き出しがあれば、今すぐ中身を見直そう。引き出しは「引き出す」ためにあるのだから。空になった菓子箱は、小物の分類・区分けに役立つ。ジジイは人に見られたくない秘密めいたモノは奥にしまう傾向がある。

引き出しは手塩にかけて扱おう

いつも使うものばかり入っているのが望ましいので、古いクリップやゴムなどはすべて捨ててしまおう。そして隠したいモノは一番手前に置いて、心を開放させる。出入りが繰り返されるうちに、隠しごともなく輝いてくる。

分類ばかりしていてもいけない

引き出し活用のコツは、分類を生涯の生きがいにしないことだ。とにかく一番上の引き出しは空っぽに。他も、スカスカ状態が理想である。引き出しは出入りが激しいために傷みやすい。木工用ボンドなどで修理にいそしむ。

百文字コラム

白湯でお茶を片づける

白湯があまりに快適で、習慣だった茶葉買いがぴたりと止んだ。そんな思わぬ片づけもある。

どんどん増えていく、それが茶葉

食器棚にいくつものお茶の缶が、コーヒーの缶がひしめき合っている。私はこれでもかこれでもかとこの数年間中国を旅してきたので、茶葉の缶が袋が積み重なりあっている。お土産に渡してもいるが、それでも増えていた。

お茶に代わるもの

悶々としていたところ、ある医者の本を読んで決心した。「白湯で健康」といった本である。お茶より白湯が一番という。鉄瓶などに凝る必要もなく、ヤカンや電気ポット、魔法瓶で充分というのも嬉しい。体がすっきり洗われる。

切り替えるという片づけもある

酒を、茶を避けて白湯で過ごせば、仙人の心境のような清い体になっていく心地がする。白湯を続けると、文明の下にいながらも世俗を離れ、心は山や森の空気を吸うような気分だ。家の片づけにもこの気持ちは欠かせない。

片づけも、一汁一菜

土井善晴の料理の本を開くとホッとすることがある。『一汁一菜でよいという提案』は料理の原点を教えてくれる。

母親の食卓を思い出す。料理の数は少なくても、炊きたてのご飯をほおばり、湯気のたつ味噌汁をふうふういいながら食すことは、かけがえのない至福であった。毎日の食事は凝ることもなく簡素で良いという料理の本質が、この本には見事に書いてある。

片づけの原点も同じだ。インテリア雑誌に出てくるような部屋にする必要はない。一つのタンス、一つの机、一つの部屋、一つの納戸が片づいていれば、まずそれで良しとしたい。

家中を極端に綺麗に片づけることは「片づけが趣味」の人以外には無理な話である。

なぜなら、日々の生活時間を過ごしながら、それを毎日たゆまず行うことが片づけの原点にあるからだ。目的は片づけではなく、快適に生き

ることにある。

建築やインテリア雑誌に登場する家や室内は、決まって整然と片づけられている。これは、雑誌に掲載されるための「特別な見せ方」といえる。どうにもわざとらしい花瓶が置かれ、さらに誌面を巧みに計算した編集者の影が見え隠れしている。あるいは建築家が設計した家に、なぜか必ず北欧のイスが何脚か配置され、どう見栄えよく室内を撮影するかと、カメラマンの苦悩がうかがえる部屋も多い。逆に狭いキッチンで広角レンズを使用して「シンプルで心地よい空間」の作り上げに熱心になったりもしている。

それを眼にした人に「素敵だなあ、うちもこんな家だったらいいのに」と思わせることは、すべてその雑誌を読んでもらうための演出なのであり、プロの仕事はすさまじい。

プロといえば、インテリアコーディネーターが撮影に参加すると、さらにわざわざ持参したと思われる〝四季に合わせたハーブの鉢〟などがさりげなく窓辺に置かれ、「幸せ度」に拍車が掛かる。

室内が、まるでセレクトショップからこれこそ目利きのプロといった

選び方をした物を並べている家となる。

毎日行う片づけというものは、人を羨ましがらせたり幸せを見せつけたりするためのものではない。自分が快適で心地良く、健康で幸せに生きるためのつつましい日課である。

テレビの料理番組を見て台湾風豚肉なんとか料理を、家庭で一度は作っても案外おいしくできないものだ。習った料理は仕込みに時間がかかりいつか消えていくものだ。私は習った料理と習った書道に疑問の念を持っている。料理も文字もその人の味が表れていればよしとする。

土井善晴の料理の教えと同じく、掃除や片づけは、ほどほどで丁度良い。


インテリア雑誌のように見栄えのいい室内は落ちつかず、どこか嘘がある。まして幼い子どもがいる家庭は遊び道具や玩具が散らかり、すでに晩秋なのに、夏に活躍した扇風機もまだ出しっぱなし状態。嘘に憧れ現実にため息をつくぐらいなら、扇風機に感謝してピカピカに拭き、しまってあげよう。

見た目のいいおしゃれなキッチンも雑誌で人気が高いが、どう見ても使い勝手が良くない感じを受ける。キッチンは毎日使う場所なのに、どうしてだかわからないが調味料やフライパン、鍋を置くスペースが確保されていない、やけに広々とした写真を載せている。こういう見栄えだけのキッチンが一番始末に悪い。

人が暮らしていけば、物は増え、片づけに翻弄され悩み嘆く。まずは身の周りを見て、必要十分にまで物を減らしていくことが、幸せのはじまりである。フライパンは大小二つで充分である。

ノートや手帳は、最後まで全部使い切ると自信が湧く

スケッチ帖は、A5判変形無地の竹尾のドレスコノートを愛用している。大きさ、紙質に満足し、手にした時の安定感が他のノートやスケッチ帖と比べてまるで違う。布製のカバーの手ざわりが実に心地好く、やる気をうながす。それまで大小のスケッチ帖を旅行鞄に入れていたのだが、どうもしっくりこなくて、次々と目移りしてしまい、最後までキッチリと全部使い切ることはほとんどなかった。

ノートや手帳を最後まで使い切らないのは、他にもっと良いものがあった時か、その記述じたいを止めた時のどちらかだろう。そのいずれも、なにか心に引っかかる。

私はうまく事を運べているのだろうか?

そんな小さな暗雲がひとたび心に浮かぶと、なにをするにもその雲がたえずついて回るように感じるものだ。

ドレスコノートを使用して十年ほどたったが、これまでに三十冊は最後まで使い切ってきた。色鉛筆の発色も良く、そのまま挿絵の原画として出版社に渡すことも多い。

色鉛筆は、二十数年前に東京丸善で買ったステッドラーのプラスチックケース入り六色セットを愛用している。太軸の色鉛筆が三角軸なので、机の上でも転がることがない。

青と緑の色鉛筆は使用回数が多いので新たに買い足し、今でも日常的なスケッチや旅先での記録にと頼りにしている。ちびちびになった色鉛筆は愛しいものだ。

こういった「最後まで全部使い切る」といった物が少しずつ増えていくと、これからの仕事に張りも出てくるようで自信が湧いてくる。

自信が湧くと、決断力にも冴えが出てくる。すると、今日はここの片づけをやり抜くんだとか、あの棚の中身をすべて出すぞとか、即行動に移す気力が生まれる。もしかしたら、あの時には捨てられなかったものにきっぱりと別れを告げられるかも知れない。

手帳も悩みが多い。長い間、とにかく薄くて、両サイドにポケットの

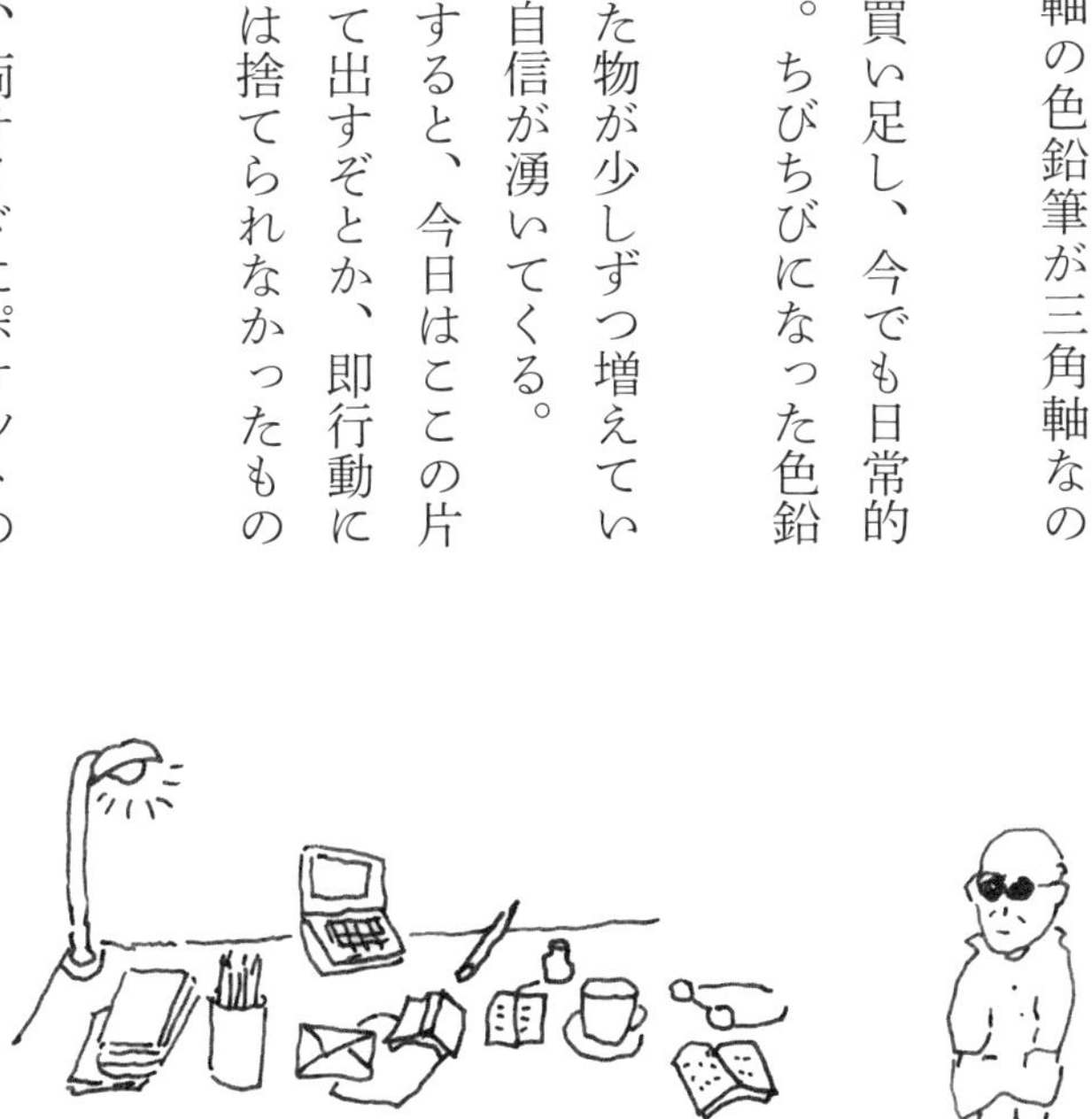

あるものを使用していたが、メモする部分が少なく不満を持っていた。

スマホを手帳がわりに使いこなしている人がいるが、ジジイの私にはそんな複雑な操作方法を覚えている余裕がない。

この数年手帳をB６判に替えたが、ポケットに入らず、これも不満が残る。手帳はいたって個人的なものなので、人に見せることはないが、私の手帳の使い方は登山の時のザックの中のようにとにかく扱いが乱暴で、半年もたたないうちに表紙が崩れていく。製本用のテープで補強しているが、新聞や雑誌の切り抜きを至るところに貼っているので、分厚く、強い輪ゴムで留めてあり、見る人が唖然とする。


手帳も鞄と同じで、大きく、ページの分量を広げてしまうと、小さな手帳になかなか戻せなくなる。

さらに手帳は一昔前は十一月頃から本屋や文房具店に並ぶものだったのが、この頃は一年中店頭にあって、「これは使いやすいです。どうですか？」と誘い水をしかけるように誘惑してくる。

私の知人の画家は、ある出版社から送られてくる手帳をなんの疑いも不満もなく使い続けている。

私のところにも律儀に送られてくるが、使用したことがない。理由は、透明なカバーの両サイドにポケットがないからである。ここに名刺、切符と入れて日常的に財布がわりに使っている身には、手帳イコール財布の考えがこびりつき、そこから発想が抜け出せない。

海外に出た時に、足が地に着かない浮かれた気分で、手帳を何度か買ったことがあるが、祝日表記が異なり不便なので、使用していない。

友人にまったく手帳を持たない人がいるが、偏屈で性格がかたよっており、その手ぶら意見は参考にならない。

逆に分厚いシステム手帳も、面倒な気がして一度も利用したことがない。丸い大きな金属のリングが、開くと尖って人を圧倒するのが恐い。

ノートや手帳くらい、新しいものを買ってもそう出費がかさむことはないのだから、途中でやめたって構わないという人もいる。しかしここはあえて言いたい。

最後まで全部使い切ることは、思いのほか強い精神を培う。

この罫線の細さが合わないなとか、紙が厚いなとか、色がどうも違う

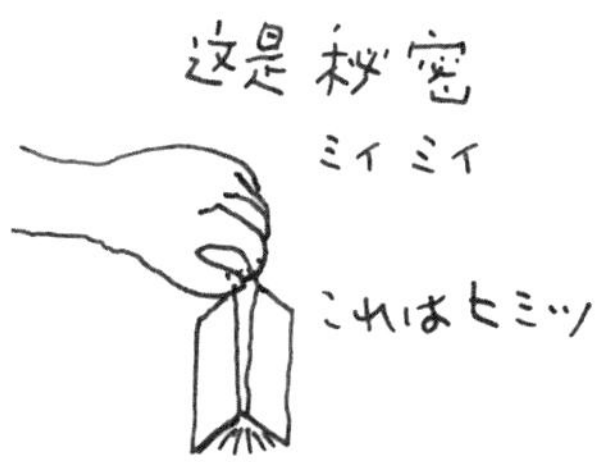

なとか、そういう「私の好み」というものにいったん背を向けて、ひたすらに書き込み、根気強くページを消費していく。すると最後の一ページを書き終える時、溢れるような達成感を抱くことだろう。山も頂上に立たなければ清々しい気分になれない。吹雪なら仕方がないが、疲れたからといって九合目で下山しては敗北である。

そんなノートを使い切る達成感を逆手に取りつつ、いくら時間をかけても身につかないのがジジイの語学である。私は年寄りの冷や水といわれても、中国語をよろけながらこの数年学習している。勉強する時にどうしてもノートが手元になくてはならない。

そこで小学生が使う10ミリ方眼罫のノートをこれまで使用してきた。中国語はすべて漢字なので、この見た目にも大きな「漢字ノート」は、眼も頭も錆び付いてきた老人にぴったりである。さらに歳を取ることは、小学生のように幼い頭脳回路に戻っていくようなものだ。

このノートも「全部使い切る」を念頭に学習に励んでいる。スヌーピーが表紙のジャポニカ学習帳をこの数年使っているが、途中で替えたことはない。何冊もスヌーピーのノートが増えていくことは学ぶことの喜

びであり、生きる活力にもなっている。

週に一度の中国語教室に通っており、中国人の教師は「習うより慣れよ」「学習の基本は休まないこと」と言う。そしてスヌーピーのノートを肩かけ鞄から取り出すと、教師はいつも静かににっこりと笑う。

思えば子どもの頃だって、言葉を覚えるスピードはそう速くもなかった。ひとつずつ、休まずに毎日続け、身につけてきたものだ。錆びもていねいに磨けばいつか光る。

手帳にも中国語で行動日記風な思い出を書いている。最後の一ページを清々しく迎えるために、今を一歩ずつ生きるようなものだ。

薬箱は整理整頓をしない――整理整頓と片づけの違い――

整理整頓が好きな人がいる。いつも鞄の中を覗いては中身を並べ替えたり、旅行の間も、出したり入れたりと常に、手はバッグの中をいじくっている。

片づけるのではなく、ただ整理整頓が好きな人である。こういう人間の薬箱は、かならずといっていいほどキチンと分類されている。風邪薬、胃痛、歯痛、頭痛、便秘、切り傷、アレルギー、虫さされ用の薬と、一分の隙もないほど、キッチリ収められている。それなのにである。

「あっ、手を切っちゃった」と薬箱を開けて、絆創膏を探そうとしても、隙間なく薬品が並び、便利そうに整頓されているが、目当てのものがなぜか見つからない。

「ああ、血がタレている」

こうなると箱を引っ繰り返した方が早くなる。

整理整頓だけに気をとられていると、たいていこういうことになる。

その好例を、薬箱はまざまざと教えてくれるのだ。

人間はいつ風邪をひくか蚊にさされるかわからない。薬箱に合わせて順番どおりに病気になるわけではない。使う段になって、パッケージの箱が邪魔になることもあるだろう。病院の薬棚ではないのでキチンと整頓はせず、大雑把に薬を入れておいて欲しい。大雑把に入れておく、それが片づけの重要な要素である。たとえばこういうことだ。


薬局から薬を買ってきたら、すぐさま箱を捨てる。薬の効能については小学生ではあるまいし、すでに理解しているはずだ。そして飲む量は大人は3錠、子どもは2錠、幼児や犬は1錠だったかなとぼんやり思っていても、心配なら、薬の内袋と説明書をまとめておけば事足りる。

薬箱には隙間を多くとり、手を入れてすぐにでも見つけられるように、ガランとさせたい。さらに古い薬を見つけたら、眼の敵にするかのごとくすぐさま処分すべきだ。

使いかけた五年も前の湿布薬は効果も薄いはずだ。黄ばんだ下着と同じで、迷うことなく捨てる。古い牛乳がいつまでも冷蔵庫にあれば、どんなジジイでも惜しげもなく捨てるはずだ。それと同じで薬箱も年に一

回は大掃除をして、ケースの中を拭いてあげ、太陽に当て、そして「ありがとう」と言いながら、薬のビンや湿布の袋を戻してあげよう。

こうした「人の生活とともに必要なものが動き、生きた状態にすること」が、片づけである。

片づけは、人生に大切な動線を導いてくれる。それは部屋だけに限ったことではない。

やたらにビタミン剤を飲む中年や老人＝シニア世代の人がいるが、あれも考えものである。きちんとした栄養は日常生活の食事から摂取するのが一番正しい。

薬箱も大きくしない方がいい。時々まるで趣味のように薬を飲んでいる人がいる。やれ胃薬だ、二日酔いの薬だと騒いでいるが、その前に暴飲暴食とその飲んだくれ人生を直す方が先である。

また女性でやせる薬を食後に飲む人がいるが、やはり食べすぎや間食をまずやめるべきだ。ある年齢にたっすると、背は伸びないかわりに横には際限なく広がってゆく。薬の前に食生活の点検、改善方法をチェックしてみる。

このような「体調管理の片づけ」もまた、大切なことだ。

ジジイになると一年がひと月と同じスピードで通過していく。病気や怪我は油断をすると、すぐに入りこんでくる。タバコや酒をやめて、まずは家の片づけに専念しよう。整理整頓ではなく、片づけである。余分なものを捨てて、部屋を広くすると、心も大草原に立った時のごとく雄大になってくる。

ジジイの夢は、片づけて次にどうするか？　である。散らばっている部屋では妄想ばかりが拡散していたが、部屋がすっきりしたらそのド真ん中で座禅をするのも良し、詩吟をうなるのも良し、妻と二人で毛糸の編み物をするのも良し。さりげなく家出も清い生き方と言える場合があろう。

かくのごとくまず薬箱を片づけることにより、健康というものを再確認する。

病気になる前に薬箱を広げ、これからの人生を考えても悪くない。

明窓浄几（めいそうじょうき）の部屋

中国の文人たちの本を開くと、「明窓浄几」という言葉がしばしば出てくる。明るい窓と清潔な机、すなわち学問をするのに適した明るく清らかな書斎のことを指す。

私が結婚をした時、自分の書斎を持つことが夢であった。狭い三畳ほどの部屋に小さな机と座り心地の良い木のイスが憧れであった。

新婚のアパートは中央線の国立市であった。

勤めている都内の出版社までの距離が遠く離れていたが、国立ののんびりした町の雰囲気が気に入っていた。

それまで長いこと住んでいた妻の実家から私たちの住むアパートまで一分と離れていないのが、少し気になったが、旦那になる者はまず妻の言うことを聞くのが幸せの第一歩となる。

本棚の横に机とイスを置くと、いくらか明窓浄几の部屋に近づいた。窓から見える小さな庭にエンドウ豆や朝顔の種を蒔いた。

狭いアパートの二つしかない部屋に清浄なる空間を造るのは容易なこ

とではない。まず憧れの折りたためるバタフライテーブルと木のイスを購入した時には、絶対に飽きのこない松本民芸家具を選んだ。

緑の多い国立といえども一歩アパートの外に出れば車が動き廻り、喧騒に満ち溢れている。せめて部屋の中は静寂を心がけ、休日は机上で文人の書斎気分を味わいたかった。

中国文人たちは隠遁という言葉を好んで使用する。俗世間を逃れ、山奥に暮らすことを隠遁と思っている人がいるが、実はこれは誤解である。山中に住む仙人とは違う。都会にいながら、清く静かな生活を求めるのが、隠遁術である。まず不要なものを周りに置かず、当然掃除、片づけが大切な要素となる。

不要なものを周りに置かないことがなぜ大切なのか。それは、年齢を重ねるとよくわかる。常日頃「あれは大切」「これは思い出」などと色々なものを取っておくと、それらは年月を経て地層のように重なり、探すことすら不可能になる。若いうちはまだ探す体力だってあるだろう。しかし、ものが溢れて検索不可能になる頃には、体はすっかり老いて動かなくなるのだ。そんなことでは清く静かな生活からはほど遠い。

ものを置かないということは、決断力を鍛えることでもある。何が本当に自分に必要なものなのか、自分の持つ空間に合わせきちんと決めて、本当に不要なものを処分する。この訓練をはじめるのは若ければ若いほどいい。

隠遁とは老いた者だけに許される身分ではない。何歳であろうと、無駄なもののない空間で、清らかな時間を持てることは宝であり、その精神的な贅沢こそが隠遁なのである。

休日の朝は絞った雑巾で机とイスを拭くところから隠遁術がスタートする。本を読み終わる、原稿を書き終わる。終わったら体を解し、机の上の本や資料を元の本棚に戻す。

当時の私は、できることなら将来いつの日にか、自分の部屋を持ちたいと願っていた。でも今は折りたためるテーブルとイスがあれば、頭の中にある夢は叶いそうだ。

そういえばその頃、休日は早朝から、ある雑誌社のイラストレーションをコツコツ描いていた。カットといった方がわかりやすいのか、雑誌

の端に邪魔にならない小さなモノクロの絵を描いていた。相手の会社から絵に対する注文はなく、その時の季節に合った小さな挿絵を描いていた。

画料は驚くほど安かったが、そのお金で国立の洋書屋で画集をかなり手に入れた。月に一度のアルバイトであったが、小さなテーブルで作業するのが、とても楽しく、夕暮れに絵の道具や資料を片づける時、静穏な気持ちになっていた。

今から思うと不思議な感じに思えるが、将来絵か、文筆で暮らしていこうとはまったく考えてもいなかった。

ただ能率よく家の中で仕事をしていくにはどうしたらいいのか、という第一歩を国立のアパートで学んだのだった。

百文字コラム 掃除機を片づける

これまで当たり前のように常備していた掃除道具も、本当に必要なのかよく考えてみよう。

暮らしとともにあった掃除機

ふと回想すると掃除機を何台買い替えてきたのだろう。子どもの成長、犬の成長に合わせて、紙パック式、スタンド型、コードレスと、各種の掃除機を使ってきた。生きるうえで、掃除機は無くてはならないものと信じてきた。

掃除機の登場回数に変化が

しかし最近の我が家では、孫たちが泊まりに来る時の布団圧縮に使うのがせいぜいで、登場回数は少なくなった。ジジイには、音が疲れるのかも知れない。ロボット掃除機も、それを使うためにまず片づけなければならない。

もう一度、昔に戻ってみるのもどうだろう

和室はホウキと絞った雑巾できっちり綺麗になる。板の間は掃除機が駆けずりすべってしまう。窓の桟や階段の隅も、やはり雑巾が一番扱いやすい。結局はハタキ、ホウキ、雑巾が最強だ。掃除機の置き場の悩みもなくなる。

百文字コラム

ホウキの底力

最近ホウキを手にしただろうか。用途ごとにホウキを使い分ければ、その底力を実感できる。

ホウキに一目置いてみよう

「座敷ホウキ」と呼ばれる、ホウキモロコシグサとシュロ皮でできたホウキは手軽に使えて便利なものだ。本棚の埃を落とすハタキとセットにしたい。ホウキ、チリトリ、ハタキ、そして絞った雑巾は日本の掃除文化の要である。

ホウキで心を研ぎ澄ます

茶ガラを蒔いて、部屋の角から円を描くようにホウキで掃く。湿った茶ガラが細かい埃まですっきりさらい取ってくれる。ホウキで掃くと、ジジイのすさんだ気持ちもいつの間にか清らかに澄み渡ってくる。魔法のようだ。

ホウキ、チリトリは自己主張せず、奥ゆかしい

玄関やベランダ、そして庭用にシダか竹の外ボウキを用意したい。ある時お寺の庭の落ち葉を、和服姿の夫人が掃いていたが、妙に絵になっていた。クマデなら、旦那が良い。チリトリは長柄の箱型がまとめて捨てやすい。

旅行鞄とその中身は、自分の部屋の小型版

二十七歳の時に、ドイツのフランクフルトで開かれるブックフェアの団体旅行に参加した。世界的な規模の本の見本市である。

その当時は児童書出版社に勤めており、自社の絵本ブースも出展していた。


四十九年前の外国旅行であったが、ヨーロッパの街の景観、人々の暮らしを垣間見ることができた。それまでは海外にはサイパン島に数日行ったぐらいで、大型の旅行トランクも手にしたことはなかった。

デンマーク、ポーランド、西ドイツ、イギリス、スイス、イタリアと六ヶ国をツアーではあるが廻った感想は、その後の物の見方や旅の仕方に大きく影響を与えた。

「旅は人を育てる」正にこの言葉通りだと思った。

団体旅行の中には海外旅行に慣れた人や、やさしい英語とはいえ言葉が巧みな人が多く、さらに旅行トランクや鞄の使い方についても教えら

れた。その頃に流行していた若いバックパッカー連中の話は、まるで武勇伝を聞いているようで、鼻持ちならない話にうんざりすることがほとんどだったのだ。

都市を廻る旅では、その街で生活しているごく普通の人々の服装と同じように、目立たない肩から提げる鞄が一番落ち着くものだ。海外旅行だからといって、服を新調したり、浮かれた派手な恰好をしたりする必要はない。そのヨーロッパの旅から私は紺の上衣に黒いセーターという姿が定番になってしまった。

その当時はスニーカーというものがまだ無かったが、ヨーロッパの石畳の街を何時間も歩いても、足腰に負担が掛からない黒い底の柔らかい革靴を自ら選択するようになった。

そして思った。旅が人を育ててくれるのは、日常生活での姿勢にも及ぶのだと。

その顕著なものは、鞄選びである。旅で自分に必要なものをすべてそこに詰め、ある土地から他の土地へと移動する。それは、いわば自分の

「家財」といえる。ホテルという「家」に住み、荷物を広げ、また仕舞う。ものを買いすぎると、鞄に入りきらない。だから旅の荷物を減らす工夫をする。家の片づけも、それと同じことではないだろうか。

だからこそ、鞄選びは家選びにも匹敵する一大事なのである。あれから五十年近く鞄類は私を悩ませ続けてきた。書類を入れるジュラルミンのアタッシェケースを持った人が、颯爽とビジネスクラスの搭乗口から乗り込む姿は美しいが、私のごとき貧乏旅行者には邪魔で余計なトランクである。

機内に持ち込む鞄の中身には「あったら便利」は必要ないと割り切る。旅行コーナーに行くと、我々の行く手を遮るかのごとく、安眠マクラ、安眠マスク類が厖大(ぼうだい)にあるが、ほとんど利用価値がない。眠りたい人は、色の濃いハンカチでも顔に載せておけば事足りる。

そう考えてみると、なおさら家にも余分に溢れかえっているのは、「あったら便利」「いつか使うかも」という物だろう。そういう類は他で代用が利くのが常である。

三十年前にスイスの山へ登りに行った帰り、チューリッヒの空港で買

った肩から提げる鞄を、ずっと愛用している。二代目になるが、同じ会社のまったく同じ物を、内外の旅というと手にしては肩に提げている。紺色の布地製で、A３判の大きさのいたってシンプルな、どこにでもありそうな鞄である。

最近はパソコンを持って海外に出かける人が多く、ザック型が圧倒的に多くなったが、私は頑固にこのスイス製の肩かけ鞄にこだわっている。どこにでもありそうな鞄だが、些細な点にまで気が配られた名作の旅行鞄といえよう。

底に薄い鉄板が敷いてあるために、書類や本、原稿用紙を入れても、型崩れがなく、また襠（まち）が広いために、空港の免税店で買ったお土産も呆れるほど入り、納まりがいいのだ。この鞄は膝の上に載せて、ちょっとした書き物をする時にも役に立つ。

パスポート、現金、予備のメガネ、ハンカチ、文具、ノート、寒い時のためのカシミヤの黒いセーター、常備薬と入れたものもわかりやすい。

内外の旅にこの鞄が決まって登場するが、大きさ、サイズが限定されると、習慣として無駄なものを入れなくなる。

パリ、ロンドン、ナイロビ、バルセロナ、カトマンズ、タイ、バリ島、ニュージーランド、ハワイ諸島、アメリカ各地とこの鞄は我が身を守るかのごとく旅に同行した。

機内持ち込み荷物では、こんな人をたまに見かける。キャリーバッグを手に、エコノミークラスの狭い通路をぶつかりながら歩き、さらに上の棚に一人では持ち上げられない重量を入れ、その上背中にザック、首からポーチ、エコバッグと汗だらけになり大奮闘している。

きっとこういう旅行者は部屋も片づけられない荷でいっぱいなんだろうなと思ってしまう。

あれほど航空会社が手荷物はハンドバッグ以外一つまでと何度もアナウンスしていても、聞く耳を持たず一切無視している態度は立派といえようが、いきすぎは良くない。

飛行機が到着して時間がある時は、この手の大胆な人の後をさりげなくついて行くことがある。ただし入国審査の時にパスポートを渡した後にやたらにこういう人は時間がかかる。荷物を受け取るターンテーブル

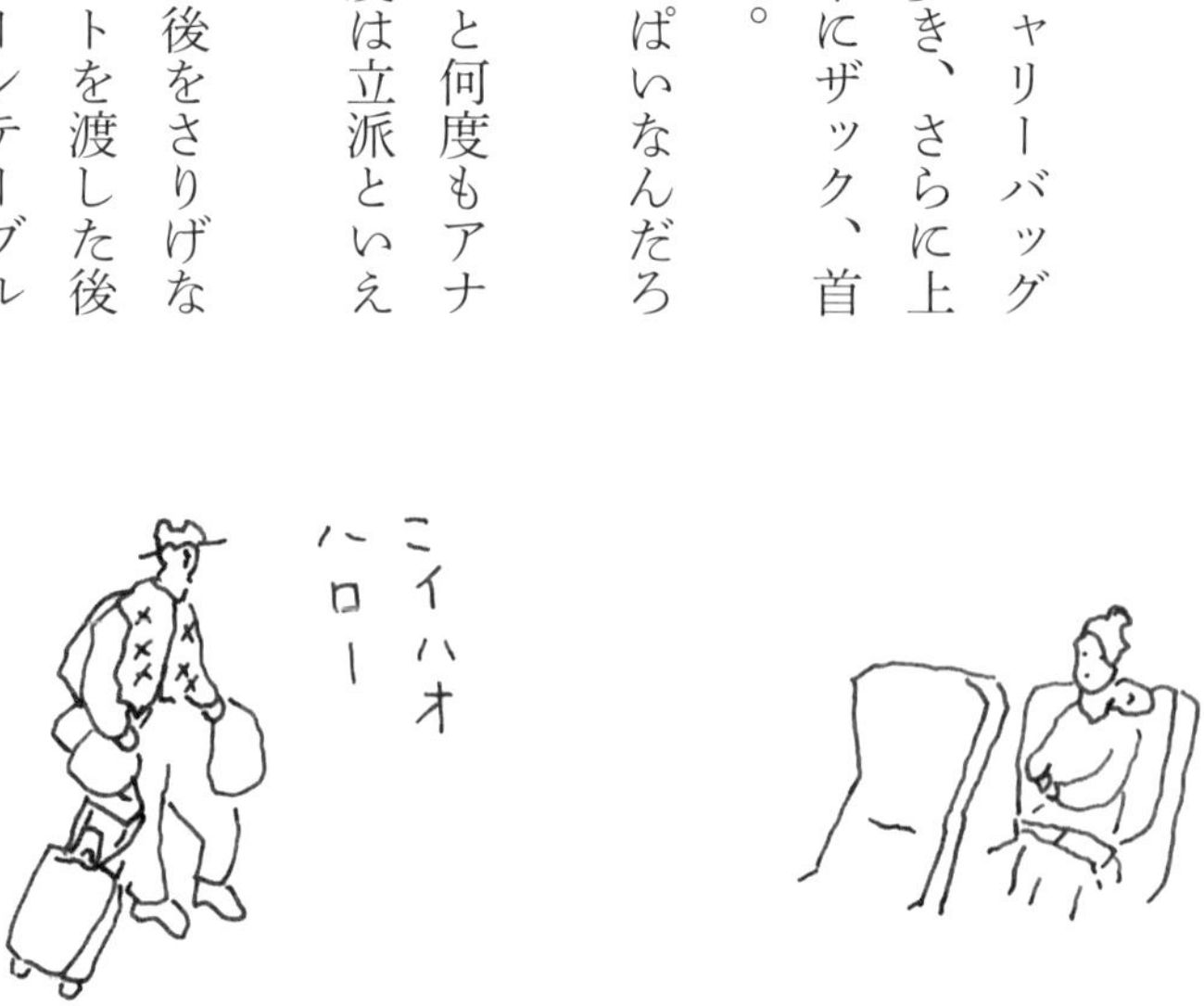

で待っていると、かの全身荷物だらけの人物の手にした物とは、やはり収まりの悪く重い麻袋か持ち運びにくそうなトランクである。
それを見届けて荷物検査台に急ぐ。訳のわからない荷を運んでいる人物の後になると、えらく時間がかかるものだ。

旅行トランクは黒っぽいと似たものが多く、受け取りで間違えたり、ホテルで混乱したりする時がある。やはり大きめの目立ったタグをつけて余計なトラブルは回避したい。
最近はピンクや紫、あざやかな水色のトランクケースも登場してきたが、これも多くなってくると困るものだ。悠然とした紺色の服の紳士がピンクのトランクを引っぱってゆく姿は、ふと痛ましい気がしないでもない。

初めて海外に出てから五十数年が過ぎ去ろうとしているが、めざましいのは自分の旅行トランクが年々小型になっていくことだ。パリに一ヶ月滞在した時に購入したトランクも、帰国後やがて処分してしまった。大型のトランクは駅の階段やタクシーの乗り降りの移動に不便で汗をたらし、つくづく懲りたからだ。トランクも部屋と似ていて、広ければ広

いほど役に立たない物を入れてしまう傾向にかたむく。

海外旅行といっても今はせいぜい一週間が体力的にも限度になった。中型の、車輪が4個ついたサムソナイトの長方形のトランクに落ちついている。軽量で鍵が簡単なもので、造りがこみいっていないものを選ぶ。家の間取りと同じで、シンプルイズベストに尽きる。

海外となるとつい増えてしまうのが衣服類である。下着や靴下、シャツといったもので荷を溢れさせてしまう。

ホテルで入浴した時に小まめに洗濯するか、値は張ってもホテルのクリーニングに出す。荷物を少なく済ませるために、衣服類も厳選する。

そういえば思いつくままにインスタント食品、梅干し、お茶をトランクに入れてくる人がいるが、旅先の体調管理は暴飲暴食を避けるのみである。夜のつまみ食いと調子にのった酒の飲みすぎが旅を台無しにする。

こうして旅のあれこれを振り返ると、つくづく普段の暮らし方は旅に表れる。そして旅は、普段の暮らしの知恵を教えてくれる。

旅の終わりの荷づくりは、旅人たちが自然に行う片づけだ。家の片づけも、あんな感じでうまくいくと思いたい。

百文字コラム 鞄のパッキング

夜には家に帰るのに、ついたくさん鞄にモノを入れてしまう。鞄の中も常に片づけよう。

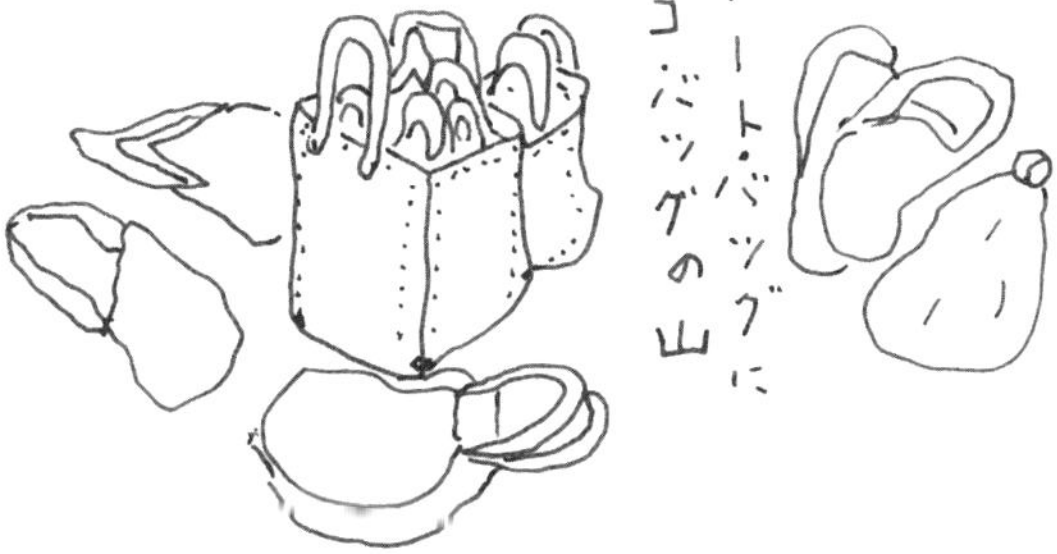

トート・バッグに
エコ・バッグの山

手ぶらで歩けなくなった現代人

人は手ぶらではいつの間にか外に出られなくなってしまった。スマホ、タブレット、ノートパソコンと増えて、背にはザックか鞄がついてまわる。犬猫や動物たちは今も手ぶらで歩きまわっているというのに。嘆かわしい。

小分けをしても量が多ければ意味はない

女性も常に永遠の美を求めるので、最低限のポーチにしがみつく。しかし気を付けよ、その数に応じてハンドバッグも巨大になる。パッキングの秘訣は、小分けにすることよりも、入れるモノ自体を少なくすることにある。

せめて軽くすることに専念しよう

鞄の悩みはつきない。大きい鞄にすると、知らぬ間に荷が増えて肩凝りの原因を作るようなものだ。最近は鞄や旅行トランクは日々進歩し軽量になっている。自分のほうも少しでも荷を軽くする努力をし、軽量化を目指そう。

命短し床下収納

四十代の終わりの頃に自宅を大改造した。それまで暮らしていた間取りは、とにかく部屋も狭くトイレや風呂場も不便であった。

三十代のはじめに地元の不動産業者から購入した戸建ての家は、価格は安かった分、あきれるくらい安普請の造りであった。床は合板で壁はビニールクロスと新建材モデルそのものの建物であった。

急坂の横にしがみつくかのごとく建てられた家は、見晴らしの良さだけが取り柄であった。緑多い多摩丘陵がうねるがごとく続いている。車の出入りには不便であったが、そういう立地条件が悪い場所を選んだのも、なにかの運命だろう。銀行からの住宅資金の借り入れも、妻が教師をしていたため支障なく進んでいった。

大改造というのがどの程度かというと、一階の玄関周り、キッチン、トイレ、風呂場、私のアトリエともいうべき仕事場。そして二階の大型の本棚設置、屋根裏部屋の床の張り替えと小型の納戸、屋根の葺(ふ)き替え

等である。工事を請け負った建築会社の人は、施主の私の説明を聞いて、しばらく沈黙していた。

「リフォームというより、この際すべて建て替えた方が早いのでは」と言って腕組みをしていた。

工事は三ヶ月ほどかかった。教員の妻と小・中学校に通っている子どもたちは朝早くバタバタと出かけてしまう。私は毎朝来る大工さんのために、お茶菓子と大型の魔法瓶を用意するのが日課となっていった。工事が進むにつれ、これまで家に他人が毎日来る生活に慣れていない私はかなり神経が参ってしまった。自由業とはいえ、絵や文を書いていかないと生活が成り立たない。

この時に早朝の五時に起きて仕事を片づける癖が身についた。九時には大工さんや業者の人がやって来るので、そのあとでは気が散って集中できない。それまでの四時間が闘いであった。一日中家を空けることも無理で、半日ほど近所の図書館に逃げ込むことも多かった。それにしても夕方にはかならず家に戻らないと、業者の人も戸締まりに困る。内装一つとっても、数種類の業者が細かく出入りする。家の改造はこちらの

体力もいるものだ。

台所に、水道や下水管の補修のために床下への出入り口が必要になり、そこに床下収納を設置することになった。

私はこの「床下収納」の言葉に強く反応した。なんと魅惑あふれる響きだろう。普段歩きまわったり家具を置いたりする床に、収納スペースを増設できるのだ。しかも、人目に触れない床の下に。奥深い可能性をひしひしと感じた。檜の無垢材をすべての床に敷くことになっていたので、まずその憧れの夢の床下収納の場所を決定しなくてはならない。

銅版画の重いプレス機がある部屋に床下収納空間が欲しく、さらに天井の高い広い廊下にも、さらに北側のアトリエにもと、合計四ヶ所に床下収納を設置した。本当のことをいわせてもらえば、廊下はすべて床下収納にして欲しかった。大工さんいわく「税務署の査察の時には、まず床下収納から探るらしい」と笑い、「私は床下収納は勧めない」と腕組みをしながら気難しい顔をした。その理由は後に理解した。

すべての工事が完了した時は「これが終(つい)の栖(すみか)」と胸をなでおろし、多摩丘陵の景色を季節の移り変わりとともに満喫しようと思いきや、なん

と北側のアトリエの前には五軒の建売住宅のブルドーザーが入り、せっかくの眼下の杜（もり）が無残にも崩されてしまった。

こちらの家が完成し安堵にひたっていたら、これこそ好事魔多しというところだ。

さて床下収納にはどんな物を入れたかというと、キッチンの床下には、酒やビール瓶や醤油といった長期保存がきくものである。だが今や酒類も紙パックが多く、缶ビールは冷蔵庫である。「さてと、なにを入れたらいいのやら」と思案に暮れる。

妻は元々捨てればいい引き出物の皿や、年に一度しか使わない子ども用のクリスマスツリーなどをせっせと押し込めていた。そして私のアトリエの床下には、版画類で使う道具や薬品類を入れていた。意外だったのは、床下収納は空気の出入りが少ないために、温度が高く、錆びる物はもちろん絶対に本や紙類は置けない。そして、真冬には冷気が隙間から上がってくる。保存ができる缶詰類も、淀んだ空気に囲まれていたせいか、食べる時には缶の外側にその匂いがしみついている。

しばらくしてキッチンの床下を開けようとすると、雨が降り続いたために床の板が湿気を含み、木が膨張して、床下収納の金属の把手を引っ

ぱってもびくともしない。しゃくに障ったのでペンチを持って引っぱり上げると、金属部分がぐにゃりとまがり変形してしまった。

箱の中はカビ臭く、一瞬湿気をおびた空気が部屋中に広がった。食品の傷むものはなにも入れていないので安心をしたが、ならば全部処分した方がいいという物ばかりだと気が付く。クリスマスツリーも、新しい物を毎年買い替えても出費はそうかからないはずだ。

空しい気持ちになって蓋をするが、ペンチで無理やりこじ開けた金属の部品が飛びだし足に引っかかる。トンカチで叩いていると、いつの間にか妻が仁王立ちして「役に立たない物と人」「子どもがここで隠れん坊したらどうなるのよ」と言い、冷酷な眼をしていた。

アトリエの床下収納は、結局空気を清める炭だけを大量に入れる物置になってしまった。そして、家にある物は「常に出し入れしやすく、風通しの良い場所にしまう」べきなのだと痛感した。

木の家を建てる、あるいはリフォームをする時に床下収納を勧めるパンフレットがあるが、納戸がいくらあっても片づけなければただの倉庫と同じで、カセットコンロ、タコ焼き器、土鍋などと、たまにしか使わ

ない物の収納と謳(うた)っているが、実際は地面に近づいたために、湿度が高く、カビが発生しやすい。いざ取り出すと、その匂いにめげてしまうものだ。

我が家のように、頑張って無垢材で床を張ると微妙に木が動き、収納の場所が一気にその逃げ場となり、開閉にえらく苦労をする。

真冬など、隙間から冷気が流れ、マットを置かなくては寒さを防げない。

結果、我が家の床下収納に夢はなかった。

天袋や床下には物を置かず、コツコツ片づけた方が家の中の空気は淀まず、いつも新鮮になれる。

そのことを教えてくれた反面教師の床下収納だった。

百文字コラム

台所は明るくモノを少なく

台所も家によって千差万別。綺麗に片づけるためには、わずかな調理道具があれば快適だ。

暗い台所から明るい「キッチン」へ

台所は食材置き場でもある。冷たく、暗く、姑にいじめられた嫁が涙を拭く場所。それはすでに過去のことだ。時代も変わり、キッチンと呼ばれて明るく清潔になり、嫁も姑をこきつかい逆転してきた。明るいのが一番だ。

しかしモノで悲惨なキッチンにしてはいけない

キッチンも次第に調理道具が多くなり、年に一度も使用しない電動餅つき器など常備したりすると、とたんに散らかって収拾がつかなくなる。目新しい専用機器に凝ることはない。鍋とお玉で作る料理があれば、充分である。

家族に適切な料理道具を揃えるべし

家庭料理でつらい思いをするくらいなら、支度も簡単な料理を食す日々で良い。文句を言う旦那でもいたら、さっさと離婚をしよう。台所には、家族の好きなカレーと、食生活に合った料理道具があれば、いつも明るくなれる。

百文字コラム
冷蔵庫はシンプルに

日々の食材を保管する冷蔵庫は、家の大事な収納庫だ。そして保管しっぱなしはいけない。

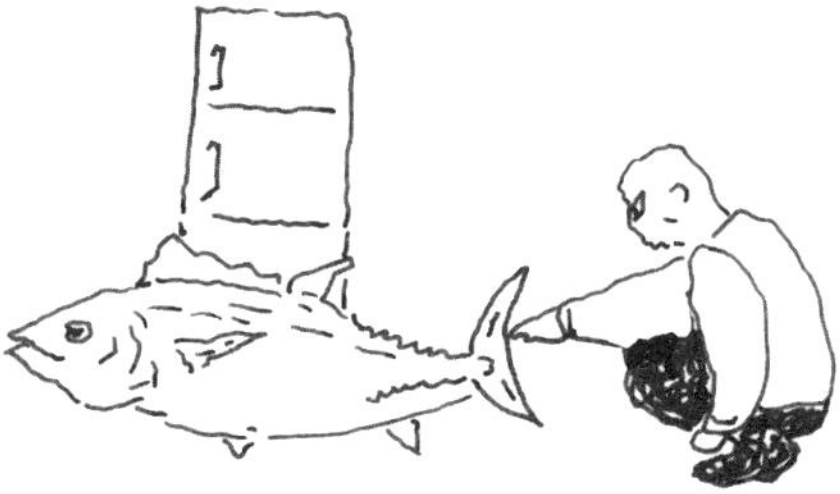

冷蔵庫は、食のクローゼット
冷蔵庫は基本的にタンスと同じで、ギシギシに隙間なく押し込めないことが大切である。冷気が流れなくなる。少なめに広く使えば食品もうまく使い回せる。ドアに海外土産のような磁石をやたらとくっつけるのもやめる。

なんでも冷やせばいいわけではない
冷蔵庫に食品をなんでも押し込む人がいるが、入れない野菜もある。タマネギ、ニンジン、カボチャ、ダイコン、ゴボウは日陰で風通しの良い場所へ。ジャガイモやサツマイモは冷やすとデンプンが変化し味も変わるので注意。

衛生対策も定期的に行うこと
冷蔵庫の中にはバイ菌が増え続けている。特に肉、魚類は要注意である。早め早めにジジイみずから料理したい。そして月に一度はキッチンペーパーとエタノールで拭こう。半年に一度は、仕切り板など全部出して掃除する。

洋服タンスの定期点検

タンスは衣服を整理保管するための箱である。透明なプラスチックの収納ボックスが、いつの間にか開かずのゴミ箱になってしまうように、衣服が詰まって動きの取れないタンスはないだろうか。ジジイの洋服タンスをこの際点検してみよう。

定年退職しても明るく元気に生きている人は、タンスの中も明るいはずだ。タンスはその人の人生の鏡である。タンスは嘘偽りは申しません。己の人生を見つめ直したくなったら、タンスを開けてみるといい。綺麗に季節ごとの服がタンスに仕舞われていたら、その人の今後の人生もけがれなく清く美しいものになるだろう。

衣服がやたらに複雑に多い人の口癖は「タンスが小さくて整理ができない」である。だがタンスの大きさは身長を越えてはいけない。芸能人のようにステージに立つ人なら衣裳もそれなりに持たなくてはならないが、一般人や定年退職した人には、前と比べてひと回り小さくても充分事足りる。

旅行トランクと同じで、でかいトランクを持てば荷は入るが、出し入れや運搬に苦労するだけである。ものを少なくするのは自分を楽にするためなのだということは、ここまで再三書いてきた通りだ。

タンスへの仕舞い方は重い服を下に、そして引き出しが上段になるにつれて軽いシャツ類へと配置され、ハンカチや靴下は小さな引き出しに分類される。下着類だけでタンス半分を占領しているジジイがいたら、「背筋を伸ばして、今後の暮らしを考えろ」と奮起をうながしたい。そして最上段は一つ空にしておく。前述の机の引き出しや本棚と同様である。

とにかく洋服タンスは小さくて良い。

今まで着ていた服の総点検をまずは実行しよう。「片づけの本」の定番の「何年も着ていない服は処分」という言葉を、ここで実践に移そう。

実行日は、乾燥した晴れた日が好ましい。雨の深夜は悲哀や絶望感を生み、時には体調を崩す。

これまで袖を通していない上衣や足を入れていないズボンは、縁が無かったと思い、せっかく銀座の高級店で買ったものなのにと、未練がま

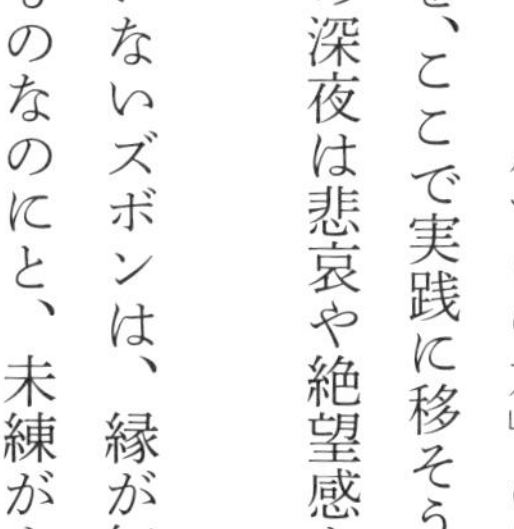

しい心が残っても、ビニールの処分袋に入れる。一瞬孤影悄然(こえいしょうぜん)な(ひとりぼっちでしょんぼりとした)気持ちになるが、ここが踏ん張りどころである、今後の衣服は少数精鋭で前へ前へと進もう。

下着、靴下類、ゴムが伸びて色褪せたパンツ、汗で汚れたものなど、惜しげもなく捨てる。どんどん処分していくと、あれこれ心配していた人生の悩みまでもがしだいに薄らいでいくものだ。

窓を開けると、青い空が広がっている。タンスの整理もだいぶ調子にのってきた。続いてシャツ類へと気合を入れる。

元気に働いていた頃に町のデパートで購入した高価なワイシャツが、洋服タンスの奥で冬の素麺造りのように垂れ下がっていたり、クリーニング屋の袋に入ったまま仕舞われていたりする。このようにあてどもなく買い求めたワイシャツ類も総点検の時がやって来た。

「いつか着るだろう」といったシャツはまず処分袋に直行させる。袖や襟、ボタンの欠けたシャツ類も、これからの情操教育の害になるので破棄する。長い年月にわたって腕を通してきたシャツは、それまでのジジイを支えてきた仲間ではあるが、次なる新しい時代を生きるためには、ぼんやりしている暇などなく、小物の帽子、手袋、マフラー類も不都合

なものがないか、調べ、傍若無人にでも処分に走ろう。さっぱり捨てたら、明日は新しいシャツを買いに出かけようと胸も躍る。

会社勤めの役目を終えると、冠婚葬祭の時ぐらいしかネクタイを締めなくなる。となるとネクタイをしなくても様になる着こなしの上衣やシャツを選ばなくてはならない。

木綿の生地が強いオックスフォード地のボタンダウンの白、ピンク、青のシャツをユニクロか無印良品でも二枚ほど買い、タンスの上段に収めよう。洗いざらしの綿のシャツは一年中着られるし、紺のブレザーにお似あいである。綿の無地シャツは行動的にも見える。決して黒色、灰色、茶色といった「土色系」のシャツを着てはいけない。

白やピンクの綿のシャツは若々しく清潔感がある。「オレはもう老人だから」といって土色のシャツを身にまとうと、ますます憔悴(しょうすい)した老人顔に拍車がかかる。

基本は「こざっぱり」な服装が一番で、間違ってもブランドマークの目立つベルトなどは締めてはいけない。ブランドネームの庇護の下で自己主張しようという性根は良くない。また個性的にとマイケル・ジャク

ソンが着るような模様のシャツは身につけない。

時折見かけるのは、釣りやバードウォッチングの時に便利なポケットがやたらに多いベストを年中愛用しているジジイだが、それも時と場所を選ぶものだ。いつもハイキングに行くような服を着ていると、生活にめりはりがなくなり、最後には訳がわからなくなって寝間着かジャージ姿で町を徘徊しださないとも限らない。

紳士になるためのおしゃれは、ある程度お金がかかるものだが、何枚もシャツやセーターを買う必要はない。たえずいつも人生はこの時しかないと思えば、忍者や仙人のような姿で都会は歩けないものだ。シンプルで爽やかな外見は宝と肝に銘じよう。

私は夕方に駅前の居酒屋をあえて覗き込むことがある。足元はサンダルで焼鳥の汁がこぼれても目立たない土色のズボン、やはりポケットの多いベスト、そして野球帽か登山の帽子と同類の服装のジジイが一人ずつ付かず離れずの位置に座り酒を飲んでいる。たまにはご婦人もいるが、豹柄のセーターを着てこれまた路地裏めいたスタイルである。

人はどんな服を着ていても自由である。他人がとやかく言う筋合いで

はない。しかし会社から離れ、背広も脱いだ時に、はじめてその人の本心本音がわかるものだ。愉しんで生きるために、ジジイは一見地味だが品ある服装を心がけたい。趣味のいい鞄を手にすると旅に出たくなるように、歳を取るにしたがい一歩若い服装も大切である。

いつまでたっても異性にもてたいと思うジジイこそ、充実した毎日を送れるものだ。

かくして、タンスは人生の鏡である。

タンスの中を片づけると、服は半分いや四分の一にまで減らせるものだ。下着の上下、靴下、ハンカチ類、シャツ、セーターは四季に合わせすべての品物は四枚が限界と思えば、服の氾濫や土砂崩れは起きないはずだ。

服装は平常心という気持ちを持って生活していけば、自ら答えが出てくるものである。

百文字コラム　クローゼットを開け放つ

何を入れたのか覚えているつもりでも、気づけば混沌空間と化すクローゼットに打ち勝つ。

クローゼットの話題を避けるようになると要注意

二度と使わない贈答品やスキー道具で満員状態、開かずの間になると、クローゼットは危ない。家の者も禁忌として口を閉ざす。クローゼットは、繰り返し扉を開け閉めし、中身を出し入れする明るい場所であるべきなのだ。

まず中身を風通し良くすることから

合理的な収納空間にするためには、手っ取り早くハンガー類の処分からである。余っているものが多い。そして風通しを良くするために一度全部中身を放り出し、旅行トランクやゴルフ・釣り道具など、大物から再点検する。

片づけながら、心の中も風通し良くする

少年時代から夢だったフォーク歌手ももう諦め、弾かないギターも誰かにさし上げた。ジジイの気持ちにも爽風を送り、湿気を取ってすっきりしたい。クローゼットのアップデートもまた、この先ジジイが生きる糧（かて）となる。

百文字コラム

洗濯で身を整える

洗濯は世代を超えて幸せを生む。体を洗うのと同様に、下着もやさしく大切に洗いたい。

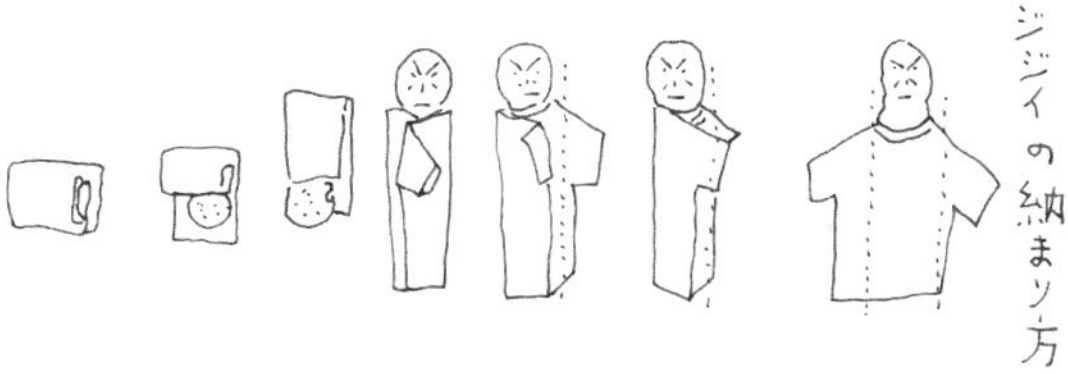

ジジイこそ、洗濯

ジジイは時間が余っている。だから家で洗濯に専念する。クリーニング屋にシャツ類を出す予算はもうない。晴れていたらとにかくシーツ、下着と洗濯機に次々ほうり込む。シャツはボタンが取れるので、裏返しにして洗おう。

洗うだけではなく、捨てること

洗う前に、黄ばんだ下着はゴミ箱に入れる。そして今後大切に愛しく着る服だけを洗う。衣類は自己表現である。ただ単純にジジイを表現したいなら、落葉色の下着でもそれはそれでいいが、明るくこざっぱりと過ごしたい。

洗う、干す、たたむ

洗ったあとは干して、乾いたら取り込んでたたむ作業も待っている。いつしかズボンも裏返して干すのが良いと気づいた。旅行の時にも手洗いは有効である。バスタブに入りながら、小分けした洗剤で短時間で勝負をつける。

ギター職人の片づけの極意

音楽仲間に四十数年らいの知人がいる。昔はグループサウンズでエレキギターを弾いていたが、バンドの衰退と共に都内大手のギターショップに勤め、現在は多摩でギターの修理を行うリペア工房を開き、地味だが堅実な暮らしをしている。

彼の工房には修理、ピックアップの交換、修繕、手直し、復旧作業を終えたエレキギターやアンプ類がいつも所狭しと並んでいた。

最初のうちはプレハブの四畳半ほどの作業所であったが、しだいにしゃれたギターの看板が掲げられた二階建ての工房へと変わっていった。

私が彼の工房を訪ねて教えられたのは、掃除、片づけの段取りの良さである。

どんなにギターの修理が重なっても、けっして雑にならず手抜きをしないことが、彼を一人前のギター職人として育ててきた。判で押したようにに夕方の六時にピタリと仕事を止め、あとは近くの居酒屋へ向かうの

が基本コースである。

こちらも酒飲みだから、作業が終わるのを、客との打ち合わせ用のソファに座ってじっと待っていた。

「ちょっと片づけをしてから」

彼は毎日必ず仕事の最後に掃除と片づけをする。

段取りはこんな感じだ。小さな竹のホウキでまず薄いマットを敷いた作業台の金属類の破片、ネジ、細いピックアップのコイルの残骸を選り分け、ネジ類は透明な丸い瓶に入れる。

次に修理作業で使用した、ドライバー、ペンチ、工具類を、壁に絵で示した場所に収め、いつも着ている作務衣（さむえ）のような服をぬぎ、作業用の引き出しに仕舞う。そして最後に大きな竹ホウキで床を掃く。

なぜ電気掃除機を使用しないのかと一度聞いたことがあるが、うっかりと大切なネジを吸いこませ、大騒ぎをしたことがあり、それから懲りてホウキが一番と結論を出したそうだ。さらに一昔前まで華麗なギターを弾いていただけあって音にはうるさく、電気掃除機の音ががさつで耐えられないという。

エレキギターは一九六〇年前後のアメリカ製品が一番音質的にも良

く、その当時のピックアップ、弦巻き、ナット類の部品は大変に貴重品で、破損以外は勝手に取り替えてはいけないことになっていた。

工房の配置で気づいたのは、目線より上には収納棚が無いことである。頭上に物を置くと地震の時に落下して危険なのだという。さらに仕事机のある床にも物を置かない。つまり運動場のように自由に動き回るようにしている。本棚にはギターや付箋のついた電気関係の本がわりと乱雑に置かれているが、仕事以外の趣味めいた本は見当たらない。確定申告のやり方という本があったのが微笑ましい。

作業台、工房内の掃除はわずか二十分ほどで終了してしまう。ゴミ一つ落ちていない室内には清々しい空気が流れている。

わずか二十分と思っても、それを毎日続けることは難しい。しかし怠れば二十分は三日で一時間となり、ひと月三十日では十時間もの掃除がたまることになる。もしかすると、たまったぶんもっと時間がかかるかも知れない。

毎日続けると、なにより毎日の仕事が快適だ。彼のように細かい部品

を扱う仕事なら、なおさらであろう。

室内の心地良い空気は、打ち合わせに訪れた客にも「良い空間だな」と思わせるであろうし、その工房にいるだけでも「この職人は、良い仕事をしているんだな」とわかる。

こういうギターショップにありがちな、色褪せたプレーヤーのポスター、引き伸ばされた写真類といった物が一切なかった。それでいて室内には暖かい雰囲気があった。

酒飲みで女性と年中トラブルを起こしているのに、なぜ工房が整理整頓されているのか、いつもの多摩の焼鳥屋で「その極意を授かりたい」とからむと、前にいた職場のギターショップの親方に教わったという。

その親方によると、「ギターのリペアマンは時計職人と同じ」なのだそうだ。

ギターのリペアマンは時計職人と同じように細かい作業に身を捧げ、その上に音楽がある。音楽は視覚的な数値では良し悪しをはかれない。ギターは心で奏で、心で聴く楽器である。深い音質の違いがわからない者には長くは務まらない。この分野はまだ資格がないだけに難しい。

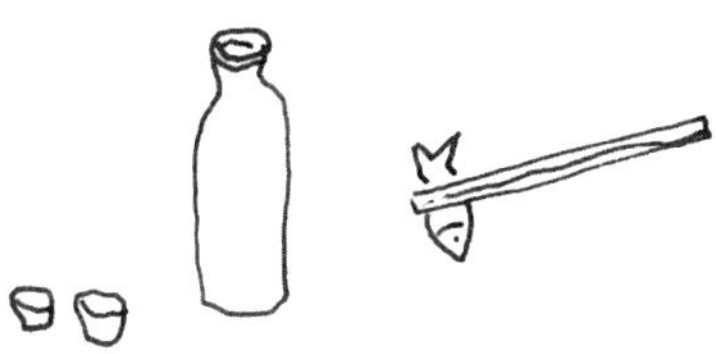

「で、その極意は」

「まずは片づけのプロになることだ」「仕事場の机、床、すべてに物を置かない。どんどん部品が増えていくから、すばやく片づける」

「それが極意ですか？」

「うーん。酔って良くわからなくなってきた」


「収納するのではなく片づけること」

「色恋と同じですね」

「……」

彼は腕組みして、なにかを瞑想しているようだ。


酒が入っていることもあいまって、その極意はなかなか明かしてもらえそうにないが、ひとつ明らかなのは、彼がギターを愛しているということだ。

だからこそ部品ひとつさえ大切にし、その場所をいつも綺麗に保ち続ける。片づけの原動力も、そこにある。

百文字コラム

コードやコネクター類

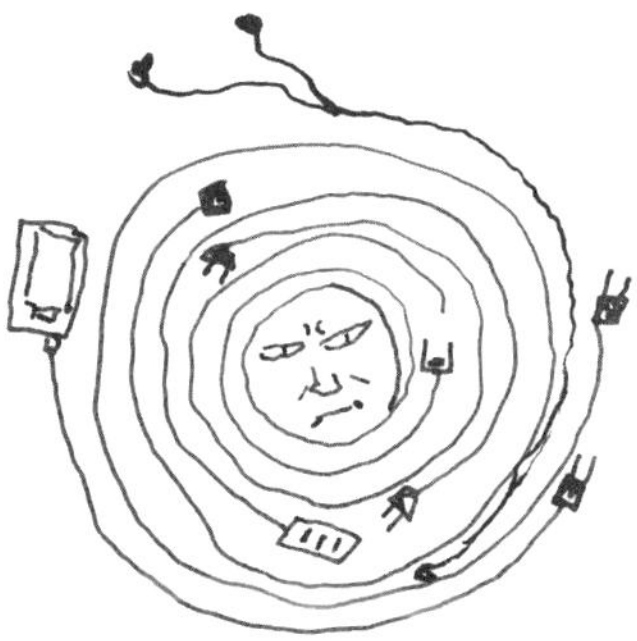

ネット時代の混沌は、家の中にもからみつく。コードやコネクター類は、気を抜かず扱おう。

電化製品の副産物

パソコンなど電化製品が増えてくると、コードやコネクターがいつの間にか繁殖してくる。油断していると、スマホ関係の細いケーブルもはびこる。コンセントには蔦がからむがごとくとなり、さながらジャングルのようだ。

定期点検して繁殖を阻止

日々の生活に忙しいからと放置したり、コード類の収納箱を用意しても投げやりに入れたりすると、からみつく蛇のごとく取り出す時に苛立つ。決まって行う車検のようにコード類も定期点検し、処分することが肝心である。

片づけは袋、蛍光テープ、油性ペンで

百円ショップにある小さめのファスナー袋を用意し、外側に蛍光テープを貼り、コード類の用途を油性ペンで書いておく。小さな成功からジジイは自信をつけ、自己を高め、さらなる上を目指す。古いものは迷わず捨てよう。

ペーパーナイフ

ペーパーナイフが引き出しの中にじっと潜んでいる。内外の旅に出るたびに「ペーパーナイフぐらい、いいじゃん」と気軽に買ってきた。多くは屋台の土産物屋で手に入れてきた。そして友人にも迷惑なもらい物にはならないはずだと、ことあるごとにペーパーナイフを渡していた。

だがこのペーパーナイフは日常的に登場することはほとんどない。ボールペンや鉛筆の横でじっと息をひそめ、静かに目立たないように隠れている。

四十年ほど前にフランス綴じの詩集が流行ったことがあり、ペーパーナイフで本の紙を裂く感触に魅せられた。中には、ペーパーナイフがセットで付いてくる本もあった。作品世界に浸る前の儀式のように感じられ、裂いたあとには幸せがあるような気持ちになれる。

ペーパーナイフはそうした本や封筒を開く時に活躍するが、昨今ではカッターナイフが猛威をふるいしだいに姿を消しつつある。

それでも世から忘れ去られてなるものかと言わんばかりに、ペーパーナイフはあちこちに点在している。バリ島やハワイ島などに行くと、手で持つところに模様が入った堅木のペーパーナイフが、行く手を阻むかのごとく待ち受けている。

中国の旅も油断ができない。産業のない奥地の観光地に行くにしたがってペーパーナイフが現れ、あざやかな色彩に色づけされて、飾りの糸をだらだらさせながら私の前でとおせんぼをしている。

そうしていつの間にか、「一本ぐらい」が十本二十本と増えてゆく。私は十年に一回の割り合いでペーパーナイフを処分しているが、常に十本近くは静かに机の中で待機させている。

なぜ思い切って全部捨てないかといわれると、仕事がら紙類を扱っているからという言い訳をする。実際にこのペーパーナイフはこのケント紙に、この木製は和紙用にと、家具造りの職人のカンナのごとく、紙の種類によって微妙に使い分けをしている。少なくともお気に入りのペーパーナイフで絶対に捨てないものが五本はある。そして和紙専門の店に行くと、五十センチほどの長いペーパーナイフもあり、その金属製品も買ってしまう。

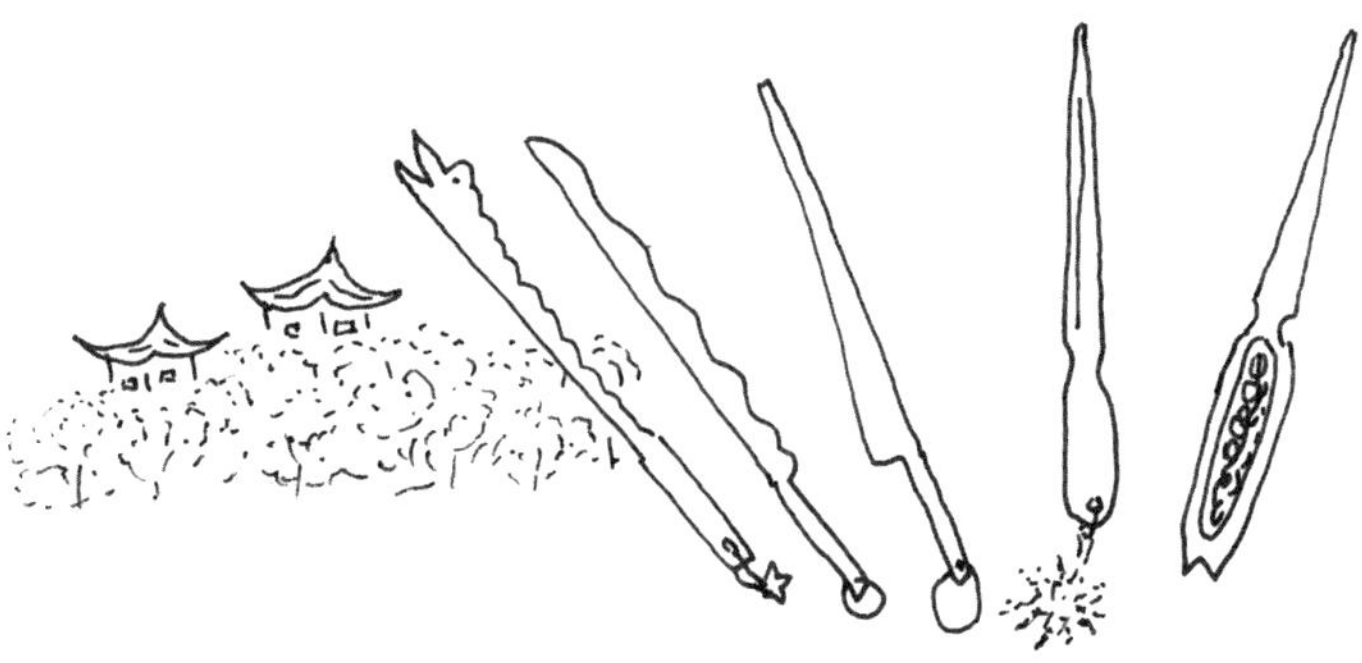

カッターナイフでは歯が切れすぎて、紙の断面に味がなくなってしまう。紙はペンや筆の書き味と似ていて表面だけではなく、切り口にも大切な雰囲気があるものだ。

それを際立たせてくれるから、私はペーパーナイフが好きだし、道具はひとつあればいいと言われても、紙の切られようが異なるので、それぞれがひとつの道具という気持ちでいる。

「物は少なくするのが片づけの鉄則」といっても、ときどき人生に必要なものは空間に代えがたい。あとは容積の問題で、「この量まで」と決めて置いておくのが一番いい。

ある時に金沢を旅行したことがあった。金沢は美術館、神社、古本屋と私の好みがぎゅっと詰まった町なので、連泊で何度も通った町である。ある冬の日、駅の近くに見慣れない雑貨屋があったのでひやかし気分で入っていくと、金属製のペーパーナイフが眼に入った。なにやら未来形というのか、ちょっと人間工学芸術作品といった作りだ。

店の人に「これはペーパーナイフですか」とたずねると「ハイ、京都

の若者のもの作りグループが作りました」という。手でさわると、刃渡りが予想していたより短く、両側にある歯もザラザラしていた。

旅の土産はペーパーナイフ人間なので、なにも考えずサイフを開いたが、これで千円を超すのかと少し高い感じがした。


家に帰りそのペーパーナイフは「出番の少ない仲間のいる箱」に仕舞い、しばらくすっかり忘れていた。

フランス製の高級紙を四つに切る時に、「ああそうだ」と例の人間工学に基づいた、なんとかかんたらのペーパーナイフを取り出し、紙を切ってみると、なんともいえない美しい切り口の断面を見せるのであった。

絵を描く人間はこういった、他人から見たらどうでもいいことに喜びを見つける人種である。切っていくスピードがしずしずゆるくて気持ちがいいのだ。念のために他の木製のペーパーナイフで切ってみると、切り口がボロボロと崩れ、美しくない。

これを機会にあまりに役に立たない木製のペーパーナイフは大量に捨てることにした。新聞紙の上に並べ、あれこれ迷っていると、丁度娘の子どもたち、双子の小学四年生が遊びに来ていたので、「これでチャン

バラごっこでもしなさい」とあげると大喜びをして、首にふろしきを巻き、さっそく忍者ごっこをはじめた。

腰のベルトに各五本ずつペーパーナイフをさし、「エイ、ヤァー」と居間で大さわぎをしていた。そのうちにひとりの顔にペーパーナイフがあたり、大泣きをはじめた。

妻は「子どもにこんなものを渡して。危ないものは捨てなさい」と双子のベルトから木製のペーパーナイフをぬき取り、いまいましげに外のゴミ箱に入れ、力いっぱいに蓋をした。

私は机の奥の方にまだたくさんペーパーナイフがあるのを黙っていた。だが妻は「あの金属製のものも危険だから、いますぐに処分して」と大声をあげた。

私が口をはさもうとすると、「カッターナイフがあればいいでしょう。まったくもう」と双子の弟の顔に薬をぬっていた。

そうではないのだ。カッターナイフとは違う紙の断面を、ペーパーナイフは描いてくれる。それでもこうして消えゆく運命なのか。

私はペーパーナイフと同じように家の中ではあんまり役に立つ人間ではないのだと思い、さらにペーパーナイフを奥の奥の方に押し込んだ。

百文字コラム「片づけなさい」の教え

子どもの頃によく聞かされ、親になってよく使う言葉は、相手の立場に寄り添い伝えたい。

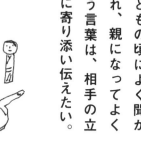

子どもに言いたくなる「片づけなさい」

親が子どもに言う言葉で一番多いのは「早くしなさい」と「片づけなさい」の二言目である。ジジイの私も孫たちが遊びに来るのは嬉しいが、部屋中をおもちゃで散らかしていると「早く片づけなさい」の口癖がついつい出る。

孫娘の涙

ある日そうしていた四歳の孫娘に思わず強く「片づけなさい」と言うと、孫娘は一瞬肩を震わせ私を見つめ泣きそうな顔をした。そして必死に涙をこらえながら言った。「あたしママに約束したの、すぐに泣いてはいけないと」。

片づけは、未来の作業をやりやすくするため

ジジイも一緒に手伝うため腰をおろすと、「おじいちゃんあまり強く言わないで。あたしもう四歳だから泣かないの」と言った。幼い子どもはいつも今しか生きていない。その気持ちを想像し、ひとつずつ根気よく伝えていこう。

別れた夫婦とカーテン

日本がバブル経済で浮かれていたのは、すでに三十数年前の昔話になってしまった。だが私の周りを見渡しても、誰一人あの時代の恩恵にあずかった者はいない。せいぜい八ヶ岳に小さな別荘を建てたぐらいで、それも今や行かなくなり廃墟化してしまい、売れるに売れない状態である。

振り返ってみれば、人は身の丈に合った暮らしをせよと教えられた時代でもあった。

町田市の郊外に建売住宅を購入したのは四十年前のことである。小さな庭に犬小屋を作り、四人の家族はつつましい日々を送っていた。妻は旦那の放浪癖や酒好きが気になっていたが、フリーの身で少しは稼いでいるので大目に見ていた。

その頃に多摩川沿いのマンションに移り住んできた演劇プロデューサーの歳下の知人がいた。いわゆる億ションといわれそうな見晴らしの良

い高層の建物で、あたりの風景が絵のごとく浮かびあがっているそうだ。
桜の咲く頃に招待されたので妻と車で行ってみた。地下の駐車場には来客用のスペースが確保されているのも、すでに高級感を醸し出していた。

二十階から眺める風景はまさに息を呑む美しさであった。奥多摩、富士山、丹沢、振り返ると東京湾と原色のパノラマ写真を見ているようだ。妻はいたく感動して「こんな所に住める人がいるなんて夢のよう」と胸のあたりで両手をぎゅっと握っていた。

テーブルやライト、すべての調度品が渋めの和で統一されているのも見事なものであった。どの品物にも選んだ人のセンスの良さが反映されていた。傘立て、靴べら一つにも控え目ながらめりはりがあり、天井まで届く大きなガラスの窓には生成りの三重のカーテンがかかっていた。

皮張りのソファーに座り中国茶を飲んでいると、オープンキッチンでこまめに動いている夫人は「夕食は東北から届いたばかりの山菜料理にします」と絣（かすり）の着物姿と笑顔が美しい。

うど、たらの芽、こごみ、のかんぞう、ふきのとう、そして天ぷらの

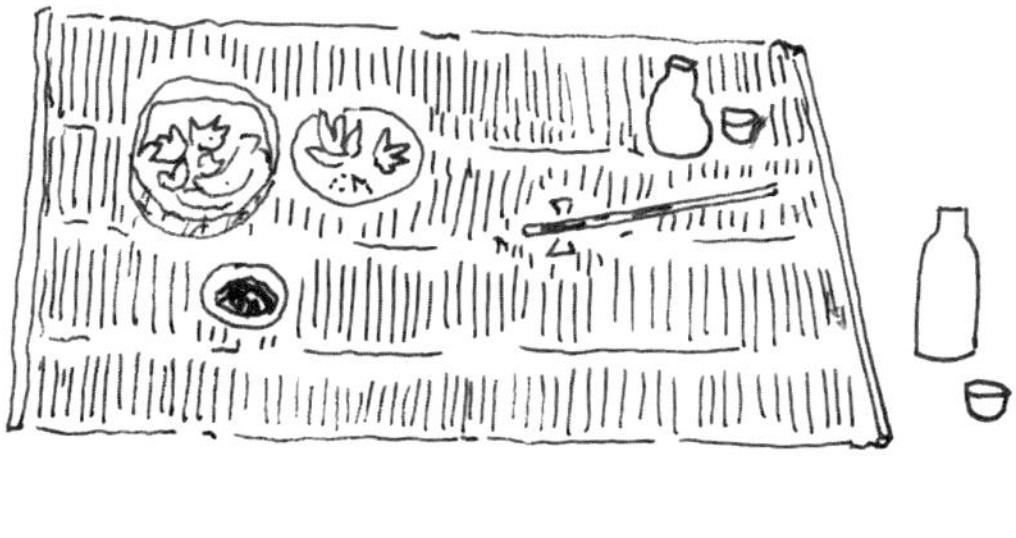

後は貝類の酢味噌あえとどれもこれも春の料理が並び、皿には桜の花びらもさりげなく光っている。日本酒と殊の外合う料理ばかりで、私は飲みすぎないように注意をしていた。

妻は箸を伸ばすたびに「おいしいです」とうなずいて、最後の白いご飯だけのおにぎりにも手を出していた。知人は「しめはやはりこの質素なおにぎりになめこ汁でしょう」といたって満足そうであった。

帰りはすっかり酔ってしまい妻に車の運転を任せた。川沿いを走らせながら、妻は「なんか、息も抜けない家ね」とぽつりといった。

「ああいう家はなんだか疲れる」と首を左右に振った。

なにか口にしたら反論されそうなので、こちらはうつむき加減に黙っていた。

「玄関を入った靴入れの上にホオノキの大きな落葉が飾られていたでしょう」

「気が付かなかった」

「あんたはいつもボンヤリしているのよ。あの大きな落葉を『あら？』と思ってなにげなく触って、帰る時には、またぴたりと一ミリのずれも

なく元の位置に置いてあるのよ。美術館じゃあるまいし、なんか怖い感じがしたわ」

妻はなにか癇に障ったのか「あのトイレ、ハイテクでモダンなところは立派だけど、ボタンがたくさんあり流せないの」と続ける。

「……」

「暮らしはね、余計な物がどうしても増えていくものなのよ。美術館はただの箱」

妻はまるで美しい暮らしに敵意を持っているかのごとく「ああいう夫婦はそのうち別れるわよ」と毅然と言った。

素敵な家と美しく整った部屋は、理想の生活を体現するもので、誰しもの羨望の的である。ましてや着物姿の美しい妻が完璧な料理でもてなすのだから、ぐうの音も出ない。

しかしそこには、「人から羨望を受けるための、美しい暮らし」があった。部屋を綺麗に片づけているのも、おいしい料理のもてなしも、彼らの生活水準の維持のためや、時に人々へ誇示するためかも知れなかった。

チョウは口をのばしてさとう水をすいます。

美しい暮らしは、ただ自分たちのためだけにするものである。少なくともそれを人に誇示しようと思うと、今度は「暮らし」に飲み込まれる。そこに人の息づかいがなければ、やがて暮らしはホオノキの落葉のように枯れてしまうものだ。

それから二年ほどして妻の指摘したとおり、二人はあっさりと離婚をした。やがて数年後、旦那は若い劇団員と一緒になり、あでやかな夫人は歳下の政治家の妻に納まった。

離婚する時に、旦那はマンションを売りその代金をすべて後腐れなく夫人に渡したというから見事なものである。

夫人には欲しい物はすべて持って行っていいと話し、夫人が引っ越し屋を連れて片づけた後にマンションに旦那が行ってみると、カーテン以外、綺麗さっぱり、なにも室内には残っていなくて、思わずカーテンを開けると、小さな植木鉢も見事になに一つなかった。あまりの綺麗な片づけ方に彼は思わず大笑いをしたそうだ。おそらく業者の人にてきぱき指示し、家具類はそのままどこかに転売されたのだろう。

三重のカーテンを開き、見慣れた風景を見ると、なんとあの美しい風景がモノクロームに見えたそうだ。そして帰る時に玄関横にポツンとあった木の靴べらが「私を置いていかないで」と小さな声を出したという。

そういえばあの立派なカーテンは、二人で飽きのこないカーテンをと都内のデパートを廻り、捜し求めた愛着のあるカーテンである。

旦那はそのカーテンを外し、クリーニングに出し、寸法を調整し、劇団の練習場に収めた。

ロサンゼルスの若造の家

三十数年前にロサンゼルスに四ヶ月間滞在したことがある。会社勤めをやめて二年ほどした四十歳の頃である。

大手出版社のロスの駐在員に長期滞在用のコンドミニアムを手配してもらった。

それまで英語を使って外国人と喋ることはまったくといっていいほどなかった。六ヶ月間英会話教室に通ったが、中学一年生の教科書から一歩も進むことはなかった。実際にロスの空港を出て、タクシーに乗った時、運転者の話していることがまったく理解できなかった。目的地のウエストハリウッドの宿の番地が書かれたファイルを、じっとりとした手で持っていた。

コンドミニアムの部屋は広いキッチンと巨大なベッドがある寝室の二部屋で、月極めで借りた部屋は料金が安いせいか全体に傷んでおり、ここに四ヶ月間一人で暮らすのかと思うと不意に身震いがした。

荷をとき、持ってきた資料や本は本棚に、画材などの道具は机の引き

出しに入れ、洋服は寝室の棚に収めた。スーツケースも、保管箱のひとつとして収納に使う。それにしても一人にしては大きすぎる部屋で、何かを忘れて取りに行くのもひと苦労だと思ったので、荷物はひとかたまりにして、キッチンには日本から持ってきた保存食を並べ、バスルームにイスを置いたり、ジャケットはドアの近くに提げておいたりと、動線を自分用にとあれこれいじくりまわした。

二階建ての建物のパティオには空に伸びたヤシの木があり、隣にプールがあった。日焼けした屈強な体をした白人がゆったり新聞を読んでいたり、髪の長いタトゥーの入った得体の知れない女性が泳いだりしていた。

夕食のみの閑散としたレストランがあるが、ほとんど入ったことがなかった。朝は部屋で自炊をしていた。場所柄かハリウッドの映画関係者が多く宿泊しており、時おりマリファナを吸った連中が奇声をあげ、レストランでパーティーをしていた。

数日して花屋に行ってシクラメンの鉢にテーブルクロス、仕事用のスタンドライトを買い、ついでに汚れていたバスルームの窓ガラスを磨く

と、びっくりするほど部屋が明るくなった。

　しばらくしてわかったことは、その頃のロスは予想を超えて治安が悪い都市で、日が落ちた暗がりのビルの角を曲がると、途端にナイフを手にしたチンピラ風の男がうろついていることだった。

　それまで海外というとヨーロッパに二回とサイパン島にバンコクであった。アメリカはハワイも含めはじめてであった。旅の目的は、アメリカ大陸を車で走りその広さを実感してみたかったのだ。ロスにしても、取材をするとなると車がないと到底どこにも行けないことになる。

　今回の旅で大助かりなことは、日本の自動車会社から現地のディーラーを通して無料で四ヶ月間車を提供してもらえたことだ。

　最初のうちは左ハンドルの運転に戸惑いがあったが、数日すると、どこにでも一人で勝手気ままに行けるようになった。運転席のとなりのシートには、いつも大判のロスの地図と、大して役に立たないが旅の英会話の本が置かれていた。

　まだインターネットもＦＡＸも無く、原稿や挿絵はすべて国際郵便に頼るしか方法がなかった。空港の近くに、夕方の五時までに荷物を持っていけば夜の便に荷を載せて、東京都区内なら翌日に届けてくれるサー

ビスの事務所があった。

ロスも十一月の夜は寒く、ヒーターが欲しくなる。その店には掘炬燵のある不思議な部屋で、ちゃんちゃんこを着た日系人のおばさんが受付を担当しており、夕暮れの五時に滑り込むように車で行くと、「また原稿が遅くなりましたね」といつも嬉しそうに笑っていた。この会社は各ホテルやコンドミニアムの郵便や荷物を毎日午後二時に集め、店の奥で仕分けをして各地区、各国に品物を送り出しているのだった。


ロスに滞在してすぐに気が付いたことは、歩いている人が手ぶらなのだ。日本なら男性は肩からの鞄や女性ならショルダーバッグやハンドバッグを習慣のごとく持ち歩いている。ロスの皆さんはなにも手に持たず、背筋を伸ばして颯爽としている。

このスタイルは車社会のアメリカ、ロスだからできるのかも知れない。また車から離れる時に、荷物を後ろのトランクに必ず入れる。窓から見えるところには花束といえど置かない。車上荒らしが多発しているのでたえず注意をはらっている。

何度もアメリカ人のポールという若いカメラマンと同行取材をした

が、地図やガイドブックさえ、トランクに入れろと指示された。また両手がふさがるほどの荷物を持つと、煩わしく注意力も散漫になるので、これまたトランクに入れろと眼で合図をする。

したがって彼はカメラマンにしては、いつもやけに身軽な恰好をし、大きな三脚はたすき掛けにして、首から二台のカメラを提げ背に小型のザックと、まるでいつでも走って逃げられるスタイルである。おしゃれをしているのは首に巻いたスカーフだけである。トイレから出てくる時はそのスカーフで手を拭いたりしている。財布も持っていなかった。お金は札をくるくると輪ゴムで丸めてポケットに入れ、小銭はチップにするか募金箱に入れていた。

日本は八〇年代のバブルの時代に突入したので、フリーの私のごときボンクライラストレーターにも仕事が山のようにあり、ロスにいた期間も朝早くから午後三時までは日課のごとくびっしりと、原稿や挿絵を描いていた。とりわけ広告業界は毎日が祭りのように盛り上がり、洋酒メーカーの広告担当者はわざわざロスにまで、遊びがてら打ち合わせに来ていた。

片言の日本語を話すカメラマンのポールとは月二回の日本のグラビア雑誌の連載をしていたが、トラブルが絶えなかった。一緒にいても些細なことで口喧嘩になり仕事が中断するのであった。

こちらの書く内容を英語でうまく説明できないこともあり、問題は山積みであった。急きょ撮り直しということも何度かあると、ポールはふてくされ、その日の日当を支払ってくれとこちらにゴネるのであった。一番つらいことは、毎回「お前のギャラはいくらもらっているのだ」と疑い深く聞いてくることだ。取材のために二人してサンフランシスコに出かけた時も、まる三日間の出張手当をもっと払えと睨むのであった。相手はまだ二十代の若造である。

そんな彼からある日、パサデナの倉庫を改造した自宅兼アトリエに招かれた。ドアーを開けて驚いたのは、板張りの広々とした空間で、余分な物がまったく無いことだった。カメラ機材はきちんと使いやすそうに大きな棚に整理されている。天井からぶら下がったランプは北欧から取り寄せたという。なんとすべて自分一人で休日を使い、内装や棚、水場の設備まで整えたと指をさしながら説明してくれた。

彼の部屋に通され、今まであったわだかまりが一瞬にして消え去ろうとしていた。トーネットの二脚のイスはメルローズの中古家具屋から籐の座面が解れていたからとただでもらい、自分で直したという。私へ手当を払えとゴネたように、家具屋へ「これは不良品だ」と食い下がったのだろうかと想像すると、微笑ましい気持ちになった。アメリカの若造の逞しさを改めて思い知らされた。

日本にいた時も何人かのカメラマンのスタジオに行ったことがあるが、ダンボール箱が無造作に転がり、ポールの仕事場の美しさに比べると雲泥の差があった。

ポールはジュラルミンの超軽いゴミ箱一つにしても、自分の美意識に合ったものしか部屋に置かなかった。この徹底した決断力が、洗練された空間を生み出しているのだろう。

こちらは四ヶ月もいながらアメリカについて語れることはなに一つ学ばなかった。車でナッシュビルまで走った二週間のカントリー音楽の取材だけであった。収穫は、ポールの部屋の美しさだけであった。窓わくを赤いペンキで塗る色彩感覚は日本人にはなかった。彼の物や道具との付き合い方は、今も忘れることがない。彼の暮らし方に教えられること

は多かった。

帰国する最後の日に、ポールは空港まで送ってくれた。そして恥ずかしそうに顔を赤くしてそっとプレゼントをくれた。「開いてみて」というので包み紙を取ると、大きな六角形の懐中電灯ほどの太さの鉛筆と、これまた石鹸ほどの大きな白い消しゴムであった。

思わず「ポール」と言うと、彼は穏やかにうなずいていた。

家は生きている作品

作家や画家が生前暮らしていた邸宅が記念館として開放されていることがある。その空間から人柄が垣間見られるようで、創作の現場がどのような姿をしていたのかという意味でも興味深い。

作品のイメージにぴったりと重なる書斎やアトリエがあるのと同時に、実際はこれほど綺麗に片づけがなされている室内ではなかったはずだと、あれこれ想像して見学する。ガラス越しに展示された自筆の原稿用紙を覗きこんだり、机やイスを凝視したりと、作品とすべてを結びつける訳ではないが、愛用の太いモンブランの万年筆や画家のパレットを見たりすると「そうか、このキャンバスにこの筆で、あの名画を描いたのか」と腕組みをしたままその場に立ちつくす。殿堂入りした憧れの野球選手の愛用したグローブやバットを熱っぽく見つめる少年たちと気持ちは変わらない。

原稿用紙を埋める作家と異なり画家のアトリエは、床に飛びちった油絵の具がまだ生々しく残っており、絵に向かうその熱量に思わず圧倒さ

れることが多い。

そのようにして彼らの仕事部屋を見られる機会を得られると、その家もまた彼らの作品のひとつのように感じさせられる。

茅ヶ崎の海岸の近くに開高健記念館があり、二度ほど訪ねたことがある。三角屋根の白い建物と松林の庭が和み、作家はここを哲学者の小径と呼んでいた。四角い文字の自筆で「悠々として急げ　開高健」と石に刻まれている。

直筆の原稿用紙を眼の前にすると、あの風貌と字体が重なり、不思議なほど「なるほど」と妙に納得してしまう。

旅好きで知られるが、さらに輪を掛けて好きだった釣りの道具やルアーやアラスカでの写真が置かれ、酒豪だったおもかげを残した酒瓶も陳列されている。

書斎は母屋と離れ、さらに俗世間からも隔離した林の中で一人暮らすかのように造られている。バス、トイレ、キッチンまで備えられ、ここでじっくり構想を練れる態勢だ。

書斎の壁にはアラスカの地図が貼られ、夢のような思いや様々な書き

込みが残されている。原稿の合間にはパイプをくゆらせ、好きなウイスキーをグラスに入れ、じっとなにかを考えながら飲んでいたのだろう。

作家は孤独な仕事である。毎日のごとく自分の心の深い井戸を覗き込むようにして作品を作りあげていく。書斎で原稿が進まない時はホテルに逃げ込み、外部と一切の連絡を絶って缶詰めとなり、さらに自分を追い詰めていく。モノを書く人にアルコール依存症の人が多いのも、孤独の中で自分が逃げているのか、追い込んでいるのかわからなくなった果てのことかと納得がいく。

作家は会社に通う勤め人とは違い、朝であろうと酒を飲むし、原稿が終われば昼間からグラスを手に、先ほどまで太い万年筆で書いていた作品を回想する。酔いながら醒めてゆく。その眼に、部屋はどのような姿で映っていたのだろうか。

文豪で酒豪の開高健は五十八歳の若さでこの世を去った。主人のいない書斎はやはり淋しそうだ。おそらく元気に酒を飲み仕事をしていた時は、もっと部屋はすさまじく散らかっていたはずだ。

作家はたいてい蛸壺のように狭い、暗く閉ざされた部屋を好む。大きなガラス窓の向こうに海や山が一面に広がった部屋で原稿を書いている人はめったにいない。

逆に画家は明るいアトリエを好む。鮮やかな色彩の絵を描く画家は、自然光で色を見られる昼の間に作業をするので、やはり室内も光を取り入れる工夫がなされ、動きやすいように開放されている。

葉山の一色海岸の近くに日本画家の山口蓬春（ほうしゅん）の記念館がある。丘の上にある建物は、建築家・吉田五十八（いそや）によって増改築がなされた日本建築で、居心地の良い和の空間が広がり、何度訪れてもため息が出る。

穏やかな画家の人柄がそのまま重なるアトリエは、葉山の温暖な気候そのものである。洗練された調度品や家具もすべて五十八が手がけた。かりにこの部屋にフランスや北欧の家具が置かれていたら、目障りなだけである。

蓬春は絵の作業が終わると、整理整頓をこまめにしていたという。自分のために、そして明日の作業のために、蓬春にとって欠かせないことだったのだろう。

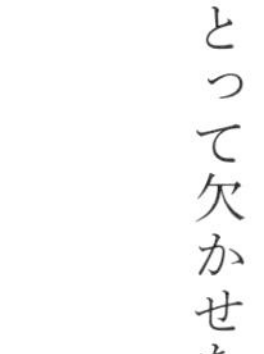

私のアトリエは北側に大きな窓を取り、常に一つの作業が終わると、資料などは元の位置に戻し、部屋の中は整然とさせている。先に挙げた作家の好む部屋か画家の好む部屋かというと、完全に後者の方である。

家具類は三十代の時に知り合った柿谷誠というクラフトマンに注文してきた。富山県立山の麓、粟巣野（あわすの）にＫＡＫＩという名の家具工房を作った男である。シベリアの松材を中心にした、柔らかい光沢の材木を使用し、現在まで五十年以上にわたり製作してきた。柿谷誠は私とほぼ年齢が同じで、残念だが十五年前に六十歳で亡くなった。私は彼のシンプルな暮らし方に深く納得し影響を受けた一人であった。

そこで三十年前に家の大改造をした時には、迷わず彼にすべてのリフォームを依頼した。彼は自宅や富山の友人宅の設計をいくつもしてきていたので、違うのは場所が東京と、離れていたことぐらいだった。

実際に工事がはじまると、キッチン周りの直し方が半端ではなかった。キッチンとダイニングはひとつの空間につなげられ、その部屋の半分の面積を取ってコの字形のキッチンカウンターがあり、そこにオーブンレンジやシンクが設けられて、家族と話しながら料理や片づけをできる対面式の造りとなっていた。当時まだ子どもたちは多感な年頃であり、家

族の時間を大切にしてほしいという彼の願いが込められていると感じた。それから三十年がたち、そこで交わされた多くの会話と、水仕事の使い勝手の良さにしみじみと感謝している。主婦は既存のキッチンに常に不満を持っていると言われるが、それは家族の顔が見えにくいことが一因なのかも知れない。

家具は少しずつゆっくり揃えていくのにかぎる。あわてず騒がず、その人の暮らしに合わせて選んでいくことだ。

今でも富山のＫＡＫＩを訪ね、小物などを注文している。

気に入った家具に囲まれて暮らすことは幸せなことである。木の家具の良さは、たとえ古く、傷がついていても、それが味となるところだ。さらに不思議なことに、木にはまさに生きているかのごとく、元に戻っていく力がある。木の家具は、人と同じように呼吸をしているのだ。

四十年も同じ家具と生活していると、このことを実感させられる。大きな洋紙入れの木のケースがあるが、紙を取り出す時に松の木の匂いが未だにする。家具とそこに住む者とがともに生きている、そのことに喜びを抱ける家であり仕事場でありたい。

百文字コラム

階段に気を抜かない

足を踏み外すことも危ないが、ゴミがたまることも危ない。階段には絶えず目を光らせよ。

ゴミは階段が大好き

階段にはゴミがたまる。角の連続なのだから、ゴミにとっては大好物である。狭い階段は掃除機を器用に取りまわすこともできないので、思うようにはいかない。埃やゴミで滑って転ぶ危険だってある。こまめに掃除しよう。

下りに注意、上にも注意

ジジイには階段に手摺は絶対条件。特に下りに気を付けたい。人生の下りには、何が起こるかわからないのだ。飲んだくれて深夜帰宅して、階段の明かりをつけると、妻が仁王様で立っていた。上にも何がいるかわからない。

階段にモノを置くと、掃除量も増える

家が広くなると階段のスペースも広く、踊り場に観葉植物を置いたりする。その周りにゴミも寄り添う。あえてモノを置かない階段を試してみよう。その掃除の快適さと歩きやすさを実感するはずだ。もう、階段は恐くない。

百文字コラム　ペットがいるから片づける

愛くるしいペットは心の支えになる。そして片づけの原動力になってくれるかも知れない。

動物と暮らす喜び

我が家では犬や猫、金魚、カメと一緒に暮らしてきた。人に安らぎがなくても、ペットには無償の愛を感じる。動物は手ぶらで潔いのも好きだ。だがペットにも人間同様に、快適な環境が必要であることは忘れてはならない。

幸福な時間を過ごすために

毎日の食事にはじまり、トイレ、そして散歩が必要なペットもいる。匂い対策にも手間がかかる。ペットの生涯は短いのだから、飼う人もペットも幸福な時間を過ごしたい。そのために人間は、最大の努力で片づけをしよう。

ペットには時に凛とした態度で

リビングのど真ん中に大型犬が寝そべっている家がある。スマホの充電器をくわえて振り回している。まるで躾が片づいていないかのようで、ペットに人間が支配されるのは不幸だ。リビングは、あくまでジジイが主人公。

種差(たねさし)海岸の別荘

私の知人はみな無頓着でズボラな性格なのか、こぎれいに暮らしている人は皆無である。

玄関を開けると靴箱の上にも本を積み上げて、片づけようにもどこから手をつけていいのやら、わからない連中ばかりである。ゴミ屋敷とまではいかないが、各部屋は本で埋め尽くされ、開かずの部屋状態である。

優雅に八ヶ岳や伊豆に別荘を持っている人もいるが、自宅から運びこんだ大量の本やタンスや古ぼけたイスがひしめき合い、雑然としており、無駄がなく簡素でしゃれた別荘の雰囲気はまるでない。

そんな中でこの別荘にこの人物はまさしく似合うと思わせる人がいる。眼付きがするどく、大型漁船で長いこと働いていたので、体も鍛えあげられてスリムでしなやかである。

主人公は八戸市でバーを開いていたマスターである。昔の船員仲間が時々飲みに来ていた。

私は八戸の友達と何十年もカントリーバンドを組んでおり、土日を利

用して楽器を手に、わざわざ八戸まで練習に出かけては夜は飲んだくれていた。

きまって最後はマスターのバーで騒いでいた。マスターは読書家で、特に冒険小説には詳しかった。

ある夜「明日の午後にうちの別荘に遊びに来ない」と誘われた。場所は天然記念物のウミネコの繁殖地として有名な種差海岸という。八戸市内から車で三十分の距離である。この一帯は市内の金持ちが競って別荘を建てる土地でもあった。

マスターは中古のドイツ車をガタゴトいわせながら、ホテルへ迎えに来た。短かくかりあげた頭と眼付きが、ただ者ではないものを発散させている。昔は不良で暴れていた匂いがまだ残っている。

初老の同じ頃の歳なのだが、相手は硬質の不良でこちらは軟弱な不良といったところか。

海岸に小さな小屋があった。浜辺の清掃道具を保管しておくところだった。

「アレがオレの別荘」マスターが指さす場所を見ると、大きな布地のタープが張られ、下には風呂の洗い場に敷いている簀（す）の子が整然と並んでいた。

こちらが呆気に取られ大笑いをすると、マスターも笑って「いいでしょう」と満更でもない顔をしながら腕組みをして、じっと海を見つめていた。

いくらか湾になった海岸には、ゴミ一つ落ちていない白い砂が広がっていた。

マスターは種差海岸の自然をいつまでも守るために、ここに来るたびに一人でコツコツとゴミを拾っているそうだ。

そして夏はウインドサーフィンを一人で楽しんでいるという。なんだか海を愛するヘミングウェイみたいだと、思わずマスターを羨望のまなざしで見つめてしまった。

隅に、アメリカ製の石油のランプと何冊かの本が置いてあり、パイプで組み立てるベッドと寝袋があった。

災害の時に広げるような茶色のタープの下でお湯を沸かしコーヒーを淹れてくれた。インスタントではなく、本格的なサイフォンコーヒーで

あった。

マスターは別荘について、淡々と話す。店を午前一時に閉めて、それから車でここに来て、夜の海を見つめながら一人ウイスキーと戯れる。

水はわざわざ山のおいしい湧き水を、タンクに入れて飲む分だけ持ってくるという。

マスターの別荘には、無駄や邪魔になるものはいっさい持ち込まないのが鉄則だという。

だからコーヒーカップもホウロウの大きめなマグカップが二つだけで、食べ物類も絶対に持参しない。

ゴミになるものを持ち込まないから、ゴミも出さない。

そして一時間ほど海とウイスキーの時間を過ごし、タープの下で朝まで眠る。冬は北風が強く雪が舞うので、とてもじゃないが凍え死ぬと笑う。

別荘へは梅雨が終わった夏から秋まで通う。

美しい奥さんと店をきりもりしているが、旦那だけは別荘に一人でやってきて自分の時間を過ごす。こんな生活をすでに十年間も淡々と続けている。

近くには立派な建物の別荘がいくつも建っているが、マスターいわく、持ち主は来ても夏にせいぜい一回くらいかなと冷ややかに笑った。

夏の真っ盛りに時々、県外から暴走族めいた連中がオートバイや自動車で爆音をたてながらやってくることがある。

「そんな時どうするんですか、怖くないですか」といくらか間が抜けたことを聞けば、「オイ、静かにせい」とタープの下からのっそり出ていくと、逆に相手はおそれをなしてか、すぐに帰っていくといった。

「マスターそれってカッコよすぎますよ」と思わずこちらがいうと、「相手はただの子どもだよ」と平然としていた。

もともと船乗りだったので、海に対して人一倍思い入れがあった。そして種差海岸をなんとしても次の世代に残していこうと仲間をつのり、地元の漁師の協力を得て、小屋も自分たちで建てた。

そこにあるのが、彼の別荘だ。かつて仕事をした場所で、必要最小限のものだけを持ち込み、ひとりものを思い、その土地の景観を保つべく活動する。マスターはその別荘でウイスキーを飲みながら、心の片づけ

をしてきたのかも知れない。

やがて東日本大震災が起き、津波によって種差海岸は大被害を受け、小屋もマスターの別荘もすっかり流されてしまった。

お見舞いの電話をすると「また造るから来てよ」と元気な返事が返ってきた。そして月日がたち、ウイスキーの飲みすぎからか咽頭癌を悪化させて、七十八歳で潮（しお）が引くようにスッと亡くなってしまった。

海を渡った原稿用紙

原稿用紙が捨てられない。

たいした量の原稿を書いているわけではないが、未だにボールペンや万年筆でゴリゴリ原稿用紙の枡目を埋めている。

満寿屋（ますや）製の原稿用紙をこの十年愛用している。知人の物書きはほとんどがパソコンになってしまった。「もう手で原稿なんて書けないな」と便利なパソコンを手にした友は言う。

ワープロやパソコンがやって来た時、誰よりも早く私は購入したが、知恵が足りないためかローマ字入力や濁音の時に、ぴたりと思考が止まり、しばらく考え込み、頭の中は錯乱状態になってしまうのだった。

「やはりオレは原稿用紙で残りの人生を終える」

そう決心してペリカンやモンブランの高級万年筆に走った。

原稿用紙に万年筆で書けば、パソコンのような電源はいらない。パソコンを置くために割いていたスペースもいらないし、いろいろな操作を

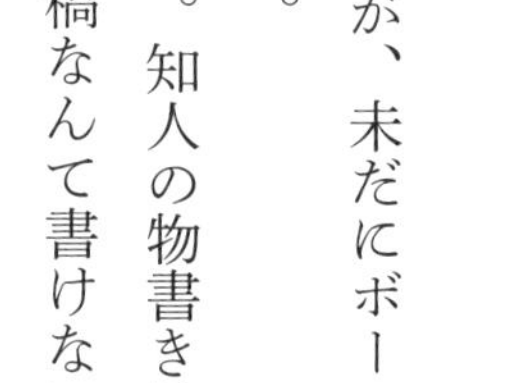

修得するために費やす厖大な時間もいらない。自分はただ書くことに集中すればいい、そのことを思うだけでも頭がすっきりしてくる。ただ、これから何かが書かれることになる白紙の原稿用紙が家に束で増えていく。箱に収まりきらないほど用意しておくこともないのに、原稿用紙については「いつか使うかも」を発動してしまう。

困ったのは各出版社の担当の人が、「倉庫に原稿用紙がまだ山のようにありますから送ります」とありがた迷惑で送ってくることであった。大きな四〇〇字詰めの原稿用紙は自宅の小型のＦＡＸでは使用できず、困惑しダンボールごと納戸に仕舞い、二〇〇字詰めは仕方なく手元に置いていた。これでは、使わなくなったパソコンを箱に入れておくのと同等の空間勘定である。

最近中国各地を旅してきたが、文房具店に入ると、ここでもついつい原稿用紙に眼が止まってしまう。中国製では二五八字、一八〇字といった日本人から見ると、謎めいた字数の原稿用紙に出会うことがある。さらに紙質の悪い、ザラ紙の原稿用紙は色褪せているが、逆に中国の味わい、風格のオーラを発揮し、手にしないわけにはいかない。

そんな原稿用紙が本棚の片隅や屋根裏でダンボール箱に入れられ、じっと身動きできない状態になっている。

原稿をＦＡＸで送稿する時、湿気がある時など紙が機械にからみ、その紙を取り出すのに半日もかかってしまうことがある。だから夏の湿気が高い時季にＦＡＸを送る時は危険をはらんでいる。

四〇〇字詰めの原稿用紙はなにかを包む時に便利だが、やはりただの包装紙とは違う。神聖な原稿用紙を冒瀆しているようで、こうした行為はためらう。


原稿用紙をすべて積み上げるとおそらく一メートルを超す。

このまま死ぬまで原稿用紙の呪いにおしつぶされながら生きていくのだろうか。そういえば絵本作家の佐野洋子さんが亡くなってしばらくたった時に、洋子さんの名入りの原稿用紙が彼女の事務所から大量に送られて来たことがあるが、これは洋子さんファンに配り、逆に喜ばれた。

原稿用紙や画材の紙類は湿気を嫌う。だから私は絵で使用する用紙は必要な量を超える買い方はしないことにして、特製の木製の紙入れに

は、乾燥剤を入れてこまめに交換している。

スーパーマーケットに行くと、いつの間にか湿気や水分を取る乾燥剤のコーナーに立っており、思いつくまま手あたり次第に買ってしまう。いつ使うかわからない原稿用紙のダンボール箱にも乾燥剤を入れているが、乾燥剤の使用期限も気になるのできちんとダンボール箱に期日を書いておく。原稿用紙はまるで生き物のようで神経をつかう。


どうしたら箱の中の原稿用紙は無くなるのだろうか？

衣食も寝ることも忘れて原稿用紙に書いていけばやがて消えていくが、私には今後それほど書きたい物語もない。


一方で文房具店に入ると、おしゃれな飾り罫のついた原稿用紙が並んでいる昨今だ。すでに原稿用紙への欲望を抑えているはずなのに、「あっこの飾り罫いい」と体がのめり込み、我を忘れまたしても買ってしまう。

原稿用紙にいかれた連中は万年筆にもいつの間にかこだわりを持ち、車の両輪のごとくしだいに回転が速くなってくる。

パソコンの普及により反比例するように、逆に手書き派も増えてきた。

ビンテージ万年筆専門店に人気がかたむいているなら「ビンテージ原稿用紙」ショップがそろそろできても良さそうなものだ。

そのようなわけで、原稿用紙を捨てられない。今や、絶滅危惧種を保護し、保存につとめているような感覚でいる。

北京の師範大学を卒業した中国人の作家と十年ほど前に知り合いになった。日本語が堪能で神保町の古本屋に関しては、私よりずっとくわしく現代文学にも精通している。

原稿はやはりパソコンで書いているが、万年筆にも異常ともいうべき愛着を持っており、日本に来るたびに日本製の万年筆を手に入れ、カフェで革のケースから取り出し、熱っぽく万年筆を見つめていることが多い。ある時に神保町で会い、「原稿用紙があったら、ゆずってくれないか」という話になった。こちらとしてはこの機会をのがしてはならない。

原稿用紙の目的は、師範大学で日本語のクラスの授業を受けもっているので、縦書きの日本語の作文の練習をするのに使うという。

だから日本製の原稿用紙を大量にほしいというのだ。大学の生徒は三

十名で、四〇〇字詰め原稿用紙が一人　冊は必要という。

こんなチャンスはめったにない。私は自宅に戻り、まず屋根裏から、各出版社からいただいた原稿用紙をもう一度ていねいにダンボール箱に詰め、北京への船便の用意をした。海を渡る紙には乾燥剤を入れ、密閉した。

紙類は想像以上に重い。郵便局で五個のダンボール箱を発送した時は、とりついた霊から解放され、身も心もぐっと軽くなった。

やがて三ヶ月ほどして「生徒たちは日本の原稿用紙の紙質の高さに感激しています」と連絡があった。

船便の代金も安くはなかったが、捨てることなく大切にとっておいて本当に良かったと安堵した。

さらに二ヶ月ほどたち、生徒が原稿用紙に書いている映像が送られてきた。万葉集の授業であったが、中国人の綴(つづ)る漢字の美しさに襟を正した。ひらがなは少しかたぐるしい所があったが、漢字はやはり中国学生に軍配があがる。その文字には、揺るぎ無い自信があった。

別荘の夢を片づける

少し金銭に時間に余裕ができた中年、早期退職者、無事定年したシニア世代。この人たちは次に「別荘」を夢見る。

山の好きな人は静寂と緑に囲まれた八ヶ岳、富士山麓、あるいは夏でもエアコンのいらない白馬。そして海浜の波の音を聞いているだけで幸せと南伊豆、房総半島へと夢を託す。

都会の密集したビルの谷間に住んでいる人は「そう、息苦しい。せめてここより他の場所」と田舎暮らし、長期滞在、移住といったテレビ番組をうっとりした眼で見つめている。テレビの映像は八ヶ岳高原の静かな山里、あるいは南伊豆の温泉の湧く海里（うみざと）を人生の楽園とばかりに映す。

これまでとは異なった新しい生き方に夫婦そろって、クワを手に小さな畑を耕している。美しい自然を背景に、定年後の姿を映しだしている。

村の人たちも、移住者の人たちを温かく迎えて親交をかさねている。

こういったテレビや雑誌に登場する夫婦はみなおしゃれで、肩にかけたカシミヤの紫色のセーターや棚に並んだ手作りのジャムのビン、冬な

どきまって薪ストーブの前で白ワインを片手に微笑み、「夕日が美しくてね」と、新たな別荘生活に眼を細める。

「子どもたちも大きくなり、これからは二人の人生です」と側に寝そべっている黒いラブラドールの犬もなにが嬉しいのか尻尾を振っている。

中にはすべての退職金を叩(はた)いて、第二の人生をはじめましたと正直に話す人もいる。また週末移住スタイルで、新しい田舎暮らしを提案する若い夫婦も紹介されたりと、テレビは夢を売る箱である。

そして田舎暮らしを提案する雑誌も、砂糖菓子の上になおもチョコレートの粉を振りかけるかのようだ。明るい日差しが入るダイニングの窓から南アルプスの峰々が美しい。自家製のトマトに手作りのパンで夫婦そろってバルコニーでの朝食。「この土地に一目ぼれして、農家へ無理してお願いして土地をゆずってもらいました」と夢を実現したリタイア組。彼らは言う、「人生は一度きりですからね」。

そういえば一時期、夫は手作りハムや蕎麦打ち名人、妻は手編みのセーター作家と雑誌に出ることが仕事であるかのように、何度も登場してくる人もいた。夢を叶えた生活と言い、「四季折々の花を飾ったカフェと、そのうち自家製パンも作ります」と二人は張り切る。

高原の秋は早い。晩秋にはすでにバーモントキャスティングス社の暖炉が室内をゆっくりあたためている。夫婦の合言葉は「シンプルライフ」。小さなスピーカーからは、モーツァルトの曲が流れている。

このような別荘や田舎暮らしに憧れる人に私の思いを伝えるならば、「その前に自宅の片づけをしてからでも遅くはありませんよ」とかならず言いたい。せっかく別荘を手に入れても、かの夢の別荘を倉庫がわりに利用している横着な人も多い。古いタンス、古い机、古い扇風機、古い自転車、古本の山、本来なら処分すべき物を、休日になると軽トラックなど借りてどんどん別荘に運ぶ。その分自宅がすっきりすると、安心して別荘には行かなくなり、やがて雑草が育ち、細木は雑木になり、蔦が伸び、別荘がやがて廃墟になっていく。「お化けが出そうなので恐い」と妻も子どももその孫も行かなくなり、売ることもできず固定資産税だけが毎年のしかかってくる。

私の知人や友達で別荘を定期的に活用している者は皆無である。答えは口癖のように「忙しくて時間がない」の一点ばりである。そのくせハワイには夫婦や会社の同僚たちと毎年行っている。そして伴侶のどちら

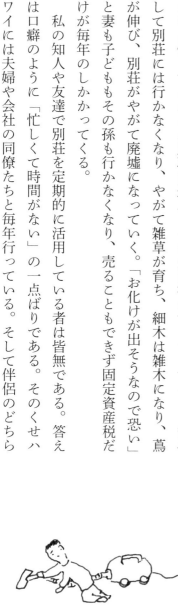

かが病気、死別すると確実に別荘から足が遠のく。

だから、繰り返し言いたい。まずは自宅を片づけることが先である。それをせずに、そこから眼を背けるかのように他の地を求めると、ただ自らが管理しなければならない場所と時間を増やすだけなのである。


私は十代の頃から山歩きを趣味としてきたので、北アルプスや八ヶ岳連峰をはじめ、めぼしい山はほとんど登ってきた。

だが山里に別荘が欲しいと思ったことは一度もない。それは別荘の管理の難しさをくどいほど認識しているからだ。朽ち果てた別荘地を山の帰り道に嫌というほど見てきたので、家をもう一つかかえる難しさを知った。


山の別荘で気を付けなくてはいけないのは、高山病である。歳をとって標高一千メートルを超える場にいると意識障害を呈することもある。まして最近の別荘開発は千五百メートルの高さまで、平気で家を建てる。

昔から、人は歳をとったら住居を変えてはいけない、体調を崩すと言われてきた。長いことその土地で育った体は、自然にその土地に合わせ

て順応してきた。住み慣れた町が一番安らぐものである。少しぐらい不満があっても、体も心もおだやかに暮らせる。山の風景は緑も多く、空気も澄んでいるが、清い水には魚が育たないものだ。

山を武骨な登山靴で歩く連中より、もっと地面をやわらかく触るように歩くアウトドアライフ好きの人が別荘を持ちたがる。そんな夢見がちな人に時々相談されることがある。そんな時は「季節はずれのそれも雪の降った日に行ってそこを見て下さい」と答えている。冬のみぞれの降る閑散とした時期の別荘地ほど、胸が痛む風景はない。さらに荒れ果てた別荘地では、夏などゴミがゴミを呼ぶように悪臭がたちはじめる。

八〇年代バブルの頃の雨後のタケノコ別荘は安普請に建てられたのか、あれから四十年が過ぎて、今や屋根さえも傾きかかっている。

かの別荘に付きものの「薪ストーブ」も、主に広葉樹の楢(なら)などの原木を少なくとも一年以上は乾燥させせないと使用できない。田舎に行くと薪が家中を覆い隠すように積み上げられたわらぶき家があるが、あれが薪の生活だ。冬にどれだけの薪を使うのか、素人は考えたこともない。山の株の枯れ枝を集めて、火を点けるのはキャンプファイヤーの発想であ

る。そして田舎の人は親切だというが、枝一本、畑の横のヒガンバナ一本拾うように取っても、どこかでそれを見ている。「うちの土地のものだ」とおやじの声が山にこだまする。

別荘開きの時に村の人を呼んでごちそうした時は「困った時はなんでも相談して」と笑顔でいうが、普段はどこの世界でも同じように余所者には冷たいものだ。住民票を移さない別荘のゴミは受け付けないという区域もあると聞いた。

都会で仕事をしてきた若者や中年が、軽率な思いつきで高原や海辺に移住してもまず仕事がなく、そのうち離婚か一家離散が待っているだけだ。

ソバ打ち職人、手作りソーセージ、木工作家、絵本画家、星のペンション、森のカフェと夢見るのはいいが、その前にその土地に真冬に愛する妻と子どもと何度も行ってみてから考えても遅くはない。

さらに夏など、高原野菜の農家が総出で午前〇時には起床し、米の詰まった弁当を手に、二時にはわらわら畑に出て、闇の中を投光器でコウコウと照らしてレタスを収穫していることを別荘地の人は知らない。

土地にはその土地それぞれのやり方がある。体力のないジジイがいき

なり行っても足手まといになるだけだ。人は身の丈に合った生活をするしか方法がない。

憧れのバルコニーには真冬に大雪が積もり、吹き抜けの広い居間を温めるには暖炉の手入れが欠かせない。自宅の片づけもおろそかにするような者に、自然の厳しさに対峙することなど無理な話である。夢幻から覚醒するには、現地の不動産業者より役所の税務課に行って、まずはじっくり相談しよう。

さて私の自慢の別荘を紹介したい。この十年ほど、子どもと孫をつれて年に五、六回は自然ゆたかな長野県川上村を訪れている。私の住む市内在住の者が優先して泊まれる公共施設がその場所だ。ロッジ風の宿泊施設にいつも三泊四日ほど滞在して、読書や原稿執筆、昼寝、そして近くの野山を散策している。車で二十分ほど走ると、日本のヨセミテといわれる尖った小川山の岩場があり、息子夫婦や子どもたちは一日中岩にかじりついている。

大きなお風呂においしい食事と、家に居る時はなぜかいつも険しい表情の妻もこの川上村に来ると和み、真冬も孫たちとスキー合宿をしてい

る。最近の公共の宿はへたなホテルより食事も満足できて、施設も清潔でバリアフリーも完備されている。夏の繁忙期をはずせば、まさに自分の別荘のごとく利用できる。

さてこのところの日本各地は毎年のように、自然災害に見舞われている。山も海も都会もどこに行っても油断はできない。氾濫した河川の映像を見ると胸が痛む。浮かれた週末別荘生活など遠いことに思えて仕方がない。

別荘を持って家の片づけを倍に増やすことに比べれば、自宅の洋服タンスを半分にすることはそれほど大変なことではない。ならばもう少しがんばって家の中を整理して余計な物は処分しよう。

これからは狭くても快適に暮らす新しい時代に入ってきた。

山登りは片づけ

十代の頃から山登りにのめり込んでいった。関東周辺の低山から歩き出し、やがて八ヶ岳、谷川岳、穂高と高みを目指して汗を流してきた。山登りの自然の中での束縛されない自由と、その時間の解放感に魅了された。個人が勝手に遊んでいながら、先にある山の偉大さにおののき、頂上に立つとやはり感激して、ふっと泣けてくる。

自然を相手にするスポーツなので、時には死と背中合わせになる。だから山登りは装備が慎重になり、ザックへの物の詰め方が、安全や疲労の度合いをも左右する。さらに行動中はいつも身の周りの持ち物の片づけをしながら、目的の山に向かって進んでいく。

雨具、水筒、ヘッドランプ、地図、コンパス、食料等は日帰りのハイキングでも用意しなくてはならない。

山登りの時間は歩いているか、なにか食べているか、ザックの中を片づけ整えているかのいずれかである。冬などうっかり手袋を落としたり、

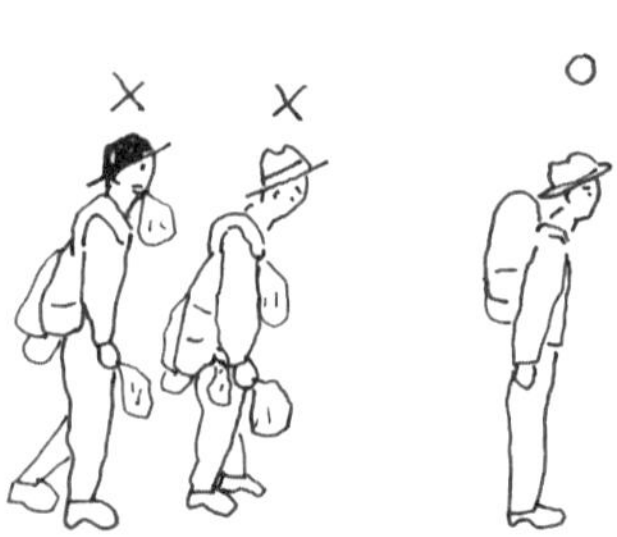

帽子を紛失したりということは断じて許されない。頂直下の寒さや風は半端ではない。すぐさま凍傷になる。

ましてテント山行（さんこう）となると、荷は増え、整理整頓の連続である。だから山登りのベテランは見かけによらず、細かい神経の持ち主が多い。さらに山に入ると、鷹のような眼付きで鋭く五感を働かせ歩いているものだ。

山に何度か登っているうちに、自ずと自分の山登りのスタイルが決まってくる。単独でもくもくと歩く山登り、気の合った仲間との縦走、厳しい冬山登山、ロープを結ぶ岩登りと、山登りは奥が深く飽きることはない。

そんな山登りの魅力を、私は兄から教えてもらった。小学生の時に高校生になった兄に連れられて、奥多摩の川苔山（かわのりやま）に行ったことがはじまりだった。その時に兄のザックの中には、アメ玉、氷砂糖、ミカン、おにぎりなどが入っており、休憩の時に取り出しやすいようにザックの上の方に順序良く小分けされていた。

山頂に立った時の達成感に思わず両手を上げ、バンザイの声をあげた。

遠くに山がいくつも重なった景観は荘厳で、その雄大さにただ見とれていた。兄は地図を広げ、一つ一つの山を指さし、山の名を口にして一人でうなずいていた。

中学時代の兄は、学校から帰ると深夜まで勉強ばかりしていた。計画表が机の前に貼ってあり、それにそって学習していくのが兄の学習方法だ。それは達成感があって、兄の几帳面な性格に合っていた。

都立の優秀な高校に入ると、兄は山岳部に入部して休日になるたび山に出かけていた。無理解な父親への反抗からか山に逃げていたのかも知れない。

そしてある時には山の頂で兄が作ったおにぎりを二人して食べていると、社会人山岳会の十名ほどの山男たちが肩を組んでロシア民謡を歌いはじめた。そのうち兄もその円に入り、高揚した顔をして歌い出した。普段見せたことのない兄の楽しそうな表情を初めて見た。

下山する時、兄は頂上に向かって帽子を取り、ふかぶかとお辞儀をした。そして忘れ物がないかザックの中を再度点検して山を下りて行った。

私は高校に入ると、山岳書を読み、家の庭にテントを張って、ランプの下で一人食事を作り、まるで世捨て人に憧れるかのごとくそこへ籠（こ）もっていた。

テントの中に小さな卓袱台（ちゃぶだい）を置き、正座して、時には百目ローソクを見つめていると、心が落ちつくのであった。簀の子の上にゴザを敷き、真冬でも寝袋にくるまり朝を迎えていた。時々母親が覗きに来て「ごくろうなこった」と笑っていた。

人はこういう狭いテントの方が気が散らずに気持ちがおだやかになるものだ。茶室ではないが、コンロで湯を沸かし、しずしずとお茶を飲んでいると、無心になれる。

そういえば山にわざわざ陶器の湯呑みを持ってきて、一人本格的な抹茶をたてている人を知っているが、「登攀（とうはん）の前の静けさを味わう」とキザなことを言っていたのを思い出す。

ヒマラヤの峰々も何度も歩いてきたが、山を越え谷を渡り、長い山道を何日も歩く。シェルパやポーターの助けなしにヒマラヤトレッキングは成り立たないもので、こちらはまるで毎日大名行列の気分になりなが

ら高峰の山を眺めつつ、のん気なものである。だがそんな時のシェルパたちの段取りの良さにはいつもつくづく感心する。

シェルパたちは余分なものは一切持たず、最小限の身の周りの荷をザックに入れ、疲れた顔はまったく見せずにいつも笑顔で屈託がない。

兄は大学を卒業すると学者の道へと進み、山より学問に夢中になり、弟の私はますます山の世界にはまり込んでいった。

山の道具も登山靴だけでも夏山用、沢登りシューズ、岩登りの軽い靴、雪山用のプラスチックブーツ、スキー靴と、厳(いか)つい靴がゴロゴロあり、その上テント、寝袋、ピッケル、アイゼン、登攀道具と溢れだす。

山用の衣類にしても次から次へと新製品が出てくるので、気移りもあり、「山登りは素朴でいいな」と青い空を見上げている訳にはいかない。休日は山に登っているか、逆に道具の片づけに追われ、家族の者は「もう押し入れをなんとかして下さいな」と眼がつり上がってくる。

そんな人のためにレンタルスペースがある。都心から離れた郊外の街道筋に、ダンゴ虫のようにコンテナが並んでいる。

スキーやサーフボードなど季節によってまったく使用しない物の場所

としてレンタルスペースは最適である。月に換算すると価格も安い。

だがこれも油断大敵で、光陰矢の如し。

そして月日がたつにつれて、ことの重大さに気づかされる。降りつもる雪のように、レンタル料も知らぬ間に「こんなはずでは」ということになっていく。

だからレンタルスペースへ預ける前に、思い切って山の道具は整理して知人にあげるか処分して、身軽にしておいたほうが良い。


物に囲まれた生活から、小さなテントの山旅を体験すると、いる物と余計な物が身をもって確認できる。

最初のうちはテントの中で、カセットテープの音楽を聴いたりしているが、そのうちにその音が耳ざわりでうとましくなってくる。

風や野鳥や遠くの村の子どもの声で充分ということだ。山には沈黙の世界が待っている。

百文字コラム 耳かきと掃除

耳かきはどう扱うべきか。そもそもいつも使うものなのか。その答えは家掃除にも通じる。

耳かきという小宇宙

旅の土産に耳かきを買う人がいる。その耳かきには小さな鈴やコケシが付いている。耳かきはもちろん薬局にも売っている。ホワホワの白い綿がある。その姿に魅せられて、居間や書斎でたえず耳をいじくっている人がいる。

何ごとも「やりすぎ」は禁物

風呂上がりには綿棒派も多い。水分をやさしく吸い取る程度なら良いが、ぐいぐい押し込むと耳に傷がつく。耳は人の意見を素直に聞く、大切な体の部品である。掃除も同じで、無理に手を加えて壊してしまっては仕方ない。

耳かきは薬箱へ、清掃は専門業者へ

耳かきは薬箱に仕舞いこんで、しばらく封印しよう。掃除道具も複雑な物に手を出さず、負担の少ない簡単な道具で毎日続けるのが大切だ。耳の掃除は医者に、手に負えない汚れは専門業者に頼むのが、一番安全で事故もない。

百文字コラム

鎌倉の片づけ魔

片づけ魔には、どういう気質があるのか。片づけをするうえで、参考にするのも興味深い。

マリさんは語る
片づけは人間としての基本です。
すべてスッキリさせていただきます。

とにかく何をするにも、早い

鎌倉の画廊でこれまで何回か個展を開いてきた。その画廊のマダムの娘が片づけ魔で、家にある余計なものは電光石火のごとく捨ててしまうそうだ。休日には、掃除機と洗濯機が早朝からうなりをあげるという。すべて早い。

早さの秘訣は決断力

決断が早いからか、まだ若いのにすでに二回離婚した。娘と会うと、掃除の話ばかりしている。「キッチンには重曹を使う」と私が言うと、「生ぬるいわね、もっと徹底的に」と、プロの掃除人が使う業務用洗剤の名を口にした。

決断力は片づけの魔法

美人でいつも笑顔なのでモテるし、本人もあと二回くらい結婚すれば納得のいく男が現れるはず、と余裕がある。両手に大小の掃除機を持ったお見合い写真を用意するという。迅速に決める人の周りは、いつも片づいている。

赤いポットと捨てられない癖

結婚してすでに早いもので五十年近くにもなる。正に月日がたつのは早い。息子も娘ももう四十代になり、孫は現在合計四人である。

妻とは大学時代に知り合った。清純なまっすぐに前を見る人であった。三日に一回は手紙のやり取りがあり、五年ほどして結婚した。

一九七二（昭和四十七）年の秋に一緒になり、国立市のアパートで暮らしはじめた。「結婚しようよ」（吉田拓郎）や「瀬戸の花嫁」（小柳ルミ子）の音楽が町に流れていた。

私の勤めていた小さな児童書出版社は高度成長期の波に乗り、給料は右肩上がりであった。妻は中学校の教員をしており、南武線最寄りの駅まで自転車で通っていた。

七〇年代は今より明日が、より将来の生活が、暮らしが良くなると信じていた。人々はさらにそれを実感していた。

妻との婚約の記念に、赤いホウロウのコーヒーポットを買ってさし出した。狭いアパートの台所に、いつもその赤いポットがあり、そこだけ

ハイカラであった。そして冬になって前からの憧れだったアラジンの石油ストーブを購入した。青い炎が粋である。

一年ほどして、都営住宅の抽選に当たり、町田市に引っ越しをした。古い木造の昔のトイレであったが、南側の庭にはいつも太陽が両手を振るようにふりそそぎ、生まれたばかりの娘は、私が作った木のユリカゴで寝ていた。近くの公園の砂場で娘はよく一人で遊んでいた。妻はこの時は教職を休むことにした。二人目の子が生まれたからである。

安い中古の車を買い、妻と娘そして生まれたばかりの息子と町田周辺の公園に休日というと出かけていた。

やがて月日が過ぎて、妻はもう一度教職の試験を受けて、教壇に立つようになった。今度は前から働きたかった養護学校に勤務するようになった。

私は十五年勤めていた会社を退職して、フリーの身で食べていく方向に大きく舵を切った。

そして郊外の丘の上に小さな新築の家を建てた。何度か継ぎ足しして増築を繰り返し、いつの間にか昭和は終わり平成の時代になっていた。

娘は美術大学に、息子は市内の高校に入学した。

家族を思うと私は幸せな人生だと思うし、妻にも子どもたちにも深く感謝をしている。しかし、陽が差せば物には影ができるように、幸せもまた翳（かげ）りと表裏一体なのだ。私の切実な悩みというのは、些細なことを気にするようだが、家族の皆がなかなか物を捨ててくれないことにある。

市内の大きなゴミ処分場に、車にいらない物を積んで、三ヶ月に一回は大きなゴミを捨てにいくのだが、子どもたちの成長と共に、家の中には次々と新しい製品が増えていった。

タコ焼きセット、自動パン焼き器、大きな掃除機、電動餅つき器、電動肩たたき器、除湿器、パネルヒーター、ガスストーブ、小型の空気清浄機と電化製品が怒濤のごとく攻めてくる。

やがて娘も息子も成人して無事に結婚したのはいいが、「今度取りにくるから、しばらく置いといて」と大きな油絵のキャンバスから、バリ島で買ったのか貝殻の付いた怪しいランプや冬用のブーツまでと実家がトランクルームになっていく。息子にしても引っ越しした家が近いせいもあり、自分のタンスにまだ下着も入れたまま、こちらの家のお風呂に

入って嫁と一緒に夕食までと毎週のごとく顔を出しているありさまだ。
押し入れの天袋にあった釣り道具を処分しようとすると、息子は「それは命より大切な物だからしばらく置いておいて」とエラそうに言う。自分の家は狭いからと悠然としている。

妻はそんな子を庇(かば)い、こちらが捨てようとすると、「自分の部屋にしまっておくから」と歳と共に過保護が際限なく増加していくのであった。子どもたちが巣立ってしまったから、逆に寂しいものがあるのかも知れない。

子ども二人が結婚してもう十年もたつのに、部屋の押し入れや納戸のような片隅にいくつものダンボール箱がある。さらにカセットラジオがなんと合計五台もあり、妻は「まだ使えるから」とベッドの周りに五台をずらりと並べ、手ばなそうとしない。

こちらが「捨てればいいのに」と冷たく言うと、牡蠣の殻のように身をかたくして沈黙してしまう。そして教員を退職すると、ますます物をためこみ、教材で使った板切れや厚紙や山のような資料、ファイルを机の上や本棚に積みかさねている。

人は歳と共に頑固になっていくのか、こちらが片づけ捨てようとすると、眼が血走り、鬼のような表情をして、大声をあげて、「もううるさいのよ」と部屋に閉じ籠もってしまう。

「七十歳を過ぎたので、ここは思い切って処分しよう」と言っても妻は耳を両手でふさぎ、逃げてしまう。

自分がこれまでかかわってきた教育現場のファイルを処分することは身を切られるがごとくつらいものなのか。

すでに無事に退職したのだから、さっぱりとせめて半分に整理したらいいものなのに、教員仲間の旅行先の土産物が至る所でひしめきあっている。

そして今度は、孫たちのおもちゃが居間に氾濫しだしたのである。娘には小学四年になる男の子の双子がいるが、妻は本当に朝から晩まで双子のことで頭がいっぱいで遊びにくるたびにおもちゃをあたえている。

さらに息子の子ども二人もその上にのしかかってくる。孫たちのおちゃわんセットも揃えてあるから、食器棚はカラフルな食器で溢れている。

おかしなことに娘はここに来て、まるで自分たちの終の棲の片づけ予行演習のようなものをはじめた。LINEでいかに部屋がきれいになったかの映像を送ってくる。

私も自分の部屋だけは仕事がしやすいように整えているので、娘に芽生えてくれた、そのやる気を後押しするように仕事場の写真を送り、日々LINE交換をしている。

妻の片づけられない癖のことをLINEに書くと、娘の旦那が同じでTシャツを四十枚もかかえ、昔のレコードも一枚でも捨てたら離婚だと騒いでいるらしい。

さらに最近は地震や災害が多いので、妻が買いこんだ食料の蓄えが台所の棚に山のようにある。妻に言わせると「せめて三週間分は備蓄しておかないと」である。

我が家の片づけの終着点は、はてしなく遠い。

娘は赤いホウロウのポットが欲しくてたまらないのか時々妻に「あれくれない」と言うが「ダメ」と妻は短く答える。そして、「赤いポットが夫婦のわずかな絆なの」と娘に言った。

パリジェンヌはバスタオルを持たない

五十代のはじめに描いた絵本『みんななにがすき？』（福音館書店）が出版され、しばらくしてパリの出版社からも出ることになった。

それが切っ掛けで、数年にわたりたびたびパリに行くことになった。合計すると四ヶ月近くの日数になる。ホテルから短期アパルトマンといくつか渡り歩いてきて、パリ人の暮らし方でいくらかわかったことがある。


バスティーユ広場の近くにある出版社を訪れた時はいたく歓迎され、編集部の建物の半地下で軽い食事をしたのだが、日本の出版社と違って窓や調度品がシックなデザインで感心した。編集長みずから淡い白い壁を指定し、自作の本棚も安普請のデコラ板ではなく、楢の板であった。

偶然だがその時カレンダーの注文を受けて、私はパリの町をひらひらと両手を広げて舞い上がり歓喜していた。

パリに来たもう一つの大きな目的は、モンパルナスの版画工房での研修と、近代建築の創始者ル・コルビュジエの建物探求見学であった。

その時は6区のリュクサンブール公園の脇のアパルトマンに滞在していた。

市内の古い建築物に見惚れて足が棒になるほど毎日歩き廻っていた。しかしパリの住宅はどこも狭い。フランス人は黒い服しか持たないといわれるのも、クローゼットやタンスを置く場所が少ないからだ。ただ地下室に各部屋ごとに三畳ほどの鍵のかかる倉庫があり、その中に普段使わない物を押し込めている。そしてそこにはたいてい洗濯機が並んでいる。

五階のアパルトマンに入る契約書を見て驚いたのは、細かい約束事であった。フランス語の堪能な友人に訳してもらう。

外から見える窓の近くに洗濯ものを干さない。深夜十一時から早朝六時まで、トイレ、シャワー、キッチンの水を流さない（下の住民からの苦情）。ゴミは選別して中庭の指定の箱に入れる。エレベーターには三人以上は乗らない（古いものなので危険だという）。

そして出版社の編集長夫婦の家に呼ばれて驚いたのは、部屋の中がとにかくすっきりしていることだった。床、テーブル、棚といったところ

に余計な物が何一つ置かれていない。パリの市内で暮らす見本のような家で、それからワインを飲みに時々誘われたが、いつ行っても「すっきり、さっぱり」しているのだ。

「バスタブは無く、シャワーだけだが、なにかの話の拍子に「我が家にはバスタオルは無い」とマダムは言った。小さなタオルで充分間に合うという。そういえば二人の部屋にも余分な飾りものはまったく無く、むしろ寂しいくらい閑散としている。二人とも出版社に勤務しているので本の量はおびただしく、壁が本で埋めつくされている。居間とキッチンだけが安らぐ空間なのか、エッフェル塔の下で肩を寄せあう二人の若い頃の写真が立てかけられていた。そして夫婦は冬は黒いコートと黒いセーター以外服は持っていないという。居間の北欧の家具は、揃えるのにじっくり二年ほどかけて選んだそうだ。

自分の人生に必要な物には時間をかけてでも真剣に向き合い、必要のない物はきっぱりと排除する。そのシンプルな暮らし方は圧巻であり、見事であった。バスタオルというものがこの世に存在していようが、自分の生活スタイルに合わないサイズ感、洗濯の手間、乾きの遅さ、収納のかさばりであれば、それは彼らの人生に関係のないものなのだ。

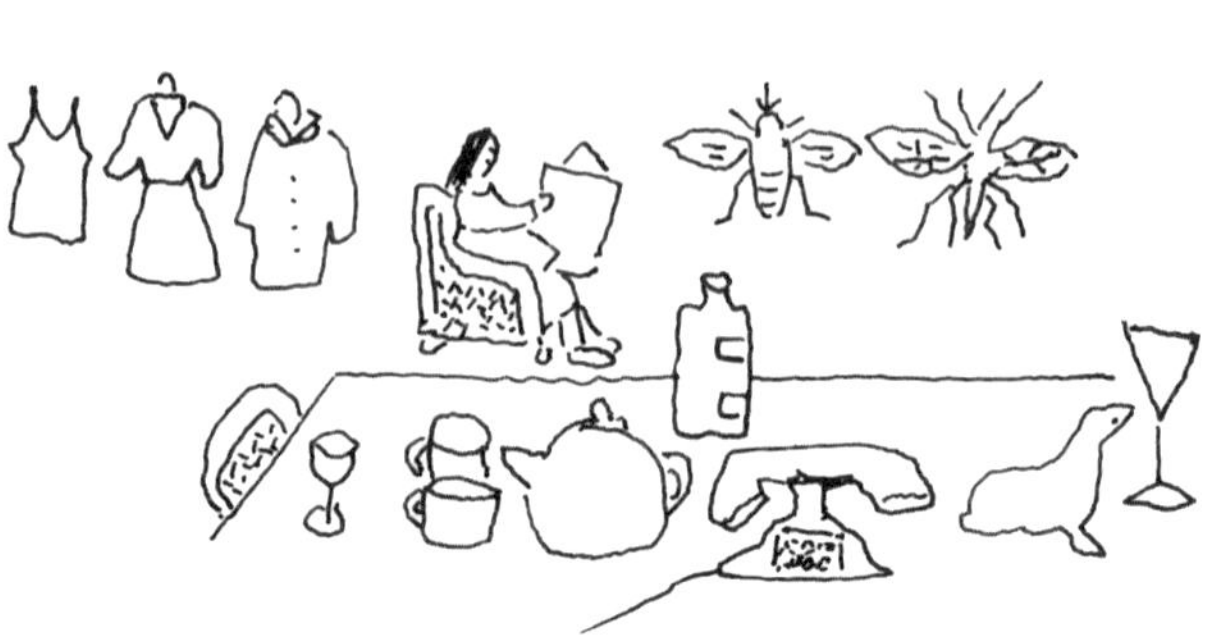

そうした精神の持ちようは、思えば日本文化の美徳とされる「ミニマルライフ」にも通ずるところがあり、フランスの人たちが日本文化を讃える気持ちもわかる。

しかし一方でパリに住む日本人はというと、そんなことはなかった。

日本の航空会社に勤める人の家にお邪魔したことがある。豪華な現代的なアパルトマンで「日本は地震があるのでパリに住む」とすでに三十年間広々とした部屋に暮らしている。

革の大きなソファのある居間には、パリ日本人グループの旦那のゴルフの優勝カップがずらりと並び、奥さんのテニスのカップも飾られている。健康スポーツ夫婦であった。そして高級ワインクーラーも設置されていた。

部屋の壁には夫婦のフランス旅行の写真、日焼けした二人のテニス姿。広い居間にはデンマーク製のイスがひしめき合い、棚の上にはイタリア製の大きな花瓶、そして数十枚のお皿。さらにまるでベルサイユ宮殿の天井に飾られているような豪華なランプと、ものすごく雑多に物が置かれ、各部屋を案内されたが、どこも同じ物が溢れ、物と物がせめぎあっ

ていた。

気が付くと、一つの部屋にかならず時計が二つとティッシュペーパーの箱がいくつもあり、カレンダーがどの壁にもあった。そしてなぜか小さな掃除機がドアーのうしろに番兵のように立て掛けられてあった。

奥さんは言う。「日本に帰る喜びは百円ショップに行って、思い切り買いまくることです。日本は素晴らしい」。

そしてブランドの服を着た旦那さんは、「ユニクロと百均の買い物で帰りのトランクは二つともぎっしり」と苦笑していた。

トイレを借りると、やはりそこにもティッシュの箱にカレンダー、小さなゴミ箱があるのだった。

その後、パリ駐在の日本人の何人かの友人の家にもお邪魔したが、基本的に玄関に京人形や博多人形、東北のこけしと、そして豪華なスリッパに、床にはダンボールの箱、ティッシュの箱、カレンダー、いくつもの時計、スタンドラックには老眼鏡、耳かきと連なっていた。日本人共通の趣味、しきたり、けじめ、動線が見え隠れしている。花の都パリで暮らしていても、これが日本人の現実というべきか、等身大の姿という

べきか。

物には思い出が宿る。買った時、もらった時、旅先の土産物と人がその物を手にすると魂が宿り、生き物となる。

良く子どもの頃に使った教科書や、枯れた植物の鉢でも捨てられないという人が多い。物に精神が宿るからだ。物を捨てることは自分の体の一部、精神を捨てることのように思えて、寂しく、悲しく、時には精神に変調をきたす。

しかし子どもの頃には成長と共に、案外おもちゃや絵本なども「もういらない」とあっさり処分してきたはずだ。

大人になり成長が止まるとたんに「捨てられない」と、まるで静かに進行する病のごとく体を蝕む。

部屋を片づけられない人は物が捨てられないのではなく、「とにかく思い出の物に囲まれていたいだけ」なのだ。しかし、思い出にも氾濫危険水位というものがある。それを超えると、今度は思い出にがんじがらめにされて、前へ動けなくなるから気を付けなければならない。

一番簡単な方法は、他人に処分してもらうことだ。意外なことに家族や他人に片づけられると、捨てられた物がなんだったのかさえ、もはやわからなくなることがある。捨てるは一時の苦、捨てないは一生の苦となることを心に刻もう。

さらに古い掃除機が何台もある家は、まずその立て掛けてある小さな掃除機一台でいいのだから、早く他の物を捨てなさいと言いたい。もしかしたら掃除機よりホウキでこまめに掃き働いた方がゴミが拾えるようだ。そして「パリジェンヌはバスタオルを持たない」を念仏のように繰り返すことにより、身が軽くなる。こうして日本人も洗脳され、電柱や看板のないすっきりとした町になっていくのかも知れない。

安いからといって、意味もなく手を出し不用意に物を買わないことだ。百円ショップのランチョンマットの山、プラスチックの青いキッチンの水切りカゴ、三角形のスポンジ入れをパリの日本人家庭で見せつけられた時、なぜか日本人の悲しい宿命を思い身につまされた。

百文字コラム

キッチン家電を見直す

用途に応じて多彩なキッチン家電。あれもいい、これもいいと揃えていると泣きを見る。

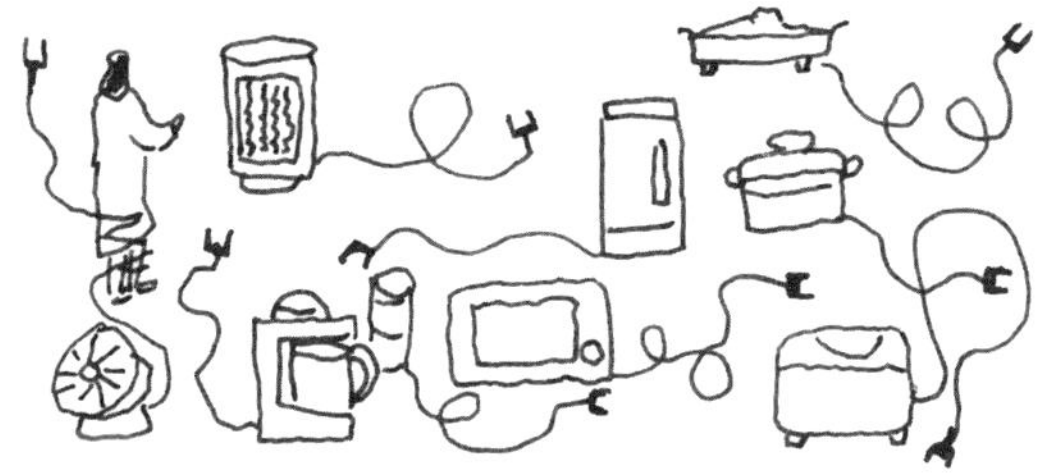

いつしか使わなくなるキッチン家電

キッチン家電の増殖が怖い。使わなくなる代表選手にタコ焼き器、パン焼き器、餅つき器、ホットプレートがあり、コーヒーメーカーやフードプロセッサ、ジューサーだって、気づいた頃には使っていない。これを機に見直そう。

専用機能を使うのは一年に何回か

キッチン家電は便利である。しかし、一台にひとつの役割のもので一年のうち一回使うかも怪しいものは、持つべきではない。収納場所を取るし、捨てたいと思っているうちに、家電コーナーにはすでに新型が並んでいる。

家電に厳しい眼を持ちたい

キッチンは家電の展示会場ではない。不要な家電を取り除いて生まれるスペースがどのくらいあるか、厳しい眼で冷静に見つめよう。そもそもコンセントにさせば家電を使える平和な環境に感謝しよう。電力は無限ではない。

死んだあとの片づけ

宇野千代の本の中で「死んだあとのことは、死んでから考えればよいと思います」という言葉に出合い、思わずハッとした。

人は節目の年齢に来ても、両親や我が家の今後はどうなるのかと、死ぬまで悩みが尽きない。誰もがきれいに家を片づけ、静かにあの世に行きたいと願っている。しかしモノを片づけたからといって、円満な家庭や悠々自適な人生などないように、人は死んだあとも多くの人に迷惑をかけていくものだ。その悟りの境地が、この言葉には端的に表れている。

妻の実家は国立市にある。現在誰も住んでおらず、しだいに人気（ひとけ）のない家は傷み、庭も荒れてきて、このままいくと確実に廃墟になっていく。

妻の父は七十歳を前に他界し、母は私たちが住んでいる家の近くの老人ホームに五年ほど入り、九十四歳で永眠した。

庭にある藤の蔓（つる）が、人がいなくなると今度は我らが家主とばかりに家中を覆いはじめた。私の息子は庭師をしているので、年に二度、三度と

庭の整理にトラックで乗りつけ、剪定（せんてい）、伐採し草木を山のごとく処分していくのだが、梅雨から夏にかけて藤の蔓が雨戸の隙間から入り込み、まるで手足を持った生き物のように、ガラス戸をこじあけ二階の畳の部屋にまで侵入するありさまである。

妻の両親は二人とも小学校の教師を長いことした教育者であった。そのために厖大な本が残されている。そして大学教授で教育学を専攻した義弟の本もまだ残してある。本にはうっすら埃がたまり、本を開くと咳き込む。

主がいなくなった家は、玄関の開け閉めの頻度が減るとともに生気を失うかのようで、その呼吸が止まるとたんに各部屋のドアがスムーズに開かなくなる。家も人間の関節とまったく同じで動かさなくなると、油が切れた機械のごとく錆びついてくる。

健気な妻は休日になると実家の空気の入れ替えに出かけ、庭の草むしりをして、使われなくなったシーツや布団の処分と汗だくになって働いている。そして今の時代、親の土地を処分しても入ってくるお金はたかがしれている。売却よりも土地を寄付する人が多くなったのも、もっと

もなことだろう。

親の遺産相続で円満な解決をしたという人が、どういう訳か私の周りでは実に少ない。私の実家の処分も両親が亡くなった後、御多分にもれず兄弟姉妹を巻き込み、財産贈与に眼がくらむ者も現れたりなどして互いの憎しみが拡大していった。弁護士が中に入ったが揉め事は続き、一番上の姉とはその後疎遠になった。こういう時、一番お金に困らないと思っていた人が逆になおもお金に執着するものだと認識した。

人は靴一足、服を一枚捨てるだけであれこれ悩むものだ。まして両親の葬式や暮らした家の片づけ、土地の処分となると何年もかかり、心身ともに疲労困憊となり、兄弟喧嘩がたえまなく続き、挙句の果てに寝込んでしまう。

多くの人が言う。家を片づけないとやがて親や子どもたちが残した物の処分に奮闘することになるから早いうちにやっておけと。しかし、大きなタンス、傷んだ畳、そして家、やがて土地と、のしかかるものの重さを目の当たりにすれば、結局は専門業者に頼むしか方法がない。

「やがて」はいつ突然やってくるか誰にもわからない。それよりもまずは窓を開け、眼の前にたまっている埃を取り、汚れを拭き去り、散らばって溢れたものを捨てる、それだけで気持ちが晴れ、将来を見据える決断力が生まれてくるのだと心得ておこう。

私は歳をとるにしたがい、そろそろ考え方を変えることにした。それはちょっとした物から思い出の品々までをため込み、処分しようとしない妻に今後いっさい「片づけ」を口にしないことである。そのことでずいぶん何年もあきるほど喧嘩もしてきた。

妻からは「もう、愛しているならさっさと死んでくれ」とも言われた。

その言葉に、妻の実家の二階の広い畳の部屋を思い出す。

学生時代知り合った彼女にはじめて会った頃、私はめまいがするほど恋をして、会うたびに学生のくせにお酒を飲んでは一人はしゃいでいた。それまで夕食の時刻になると家に帰っていた彼女が、しだいに終電と共に帰宅するようになり、両親は当然のように心配し、ある日彼女は親から私に会わせてくれと言われたと、困った泣きそうな表情を見せた。

ある夏の日、三角屋根が特徴のある国立駅の改札口で彼女と待ち合わせた。自転車に乗ってきた彼女と一緒に歩きながら家に向かった。広い大学通りの桜の葉が、青々と茂っている。

「父はタバコのにおいが嫌いなので、家ではタバコはダメよ」と小さな声を出した。自転車には彼女の名前と律儀に住所が小さく書かれてあった。その頃の国立には至るところに雑木林があり、オナガが流れるように群れをなして飛んでいた。

私と彼女はすでにやがて結婚する約束をしていたが、そのことを両親に言うと心配するから、黙っていてくれと言われた。

高い石塀の門を開き、二階に通されると、両親が和服、長男が学生服を着て、畳の部屋できちんと正座をして待っていた。

相手の父親は「このところ毎日のように遅く帰ってくるので心配していた」と言い、ある夜は長男と何度も駅まで行ったこともあるという。もしかしたらなにか事件にでも巻き込まれたのではと、心配ばかりしていたといい、しばらく娘との交際を控えてほしいと言って沈黙した。

父親の厳格な話し方に私はただうつむいて、畳の目ばかりを見つめていたら、涙がポツリと落ちた。帰りはしびれた足をさすりながら、また

彼女と駅まで自転車を押しながら一緒に肩を落として歩いて行った。「しばらくは前のように会えなくなるけど、こちらから手紙を書くから平気よ」とほんの少し笑い「今日は遠いところまでありがとう。疲れましたね」と改札口で別れ、なにげなく振り返ると彼女は小さく手を振っていた。いつも着ていた緑色の半袖のワンピースが可憐な彼女に良く似合っていた。

数年して二度目に彼女の両親のところへ訪れたのは、結婚のお願いをしに行った時だった。今度は私の父親と、再び二階の畳の部屋に入った。彼女の両親はおそらくずいぶん心配したはずだが、最後は娘に押し切られたのだろう。「どうか二人は仲良く暮らして下さい」と明るく笑っていた。

私と父と、彼女は自転車を押し三人で、夕暮れの中に遠く富士山が見える坂を下っていった。

妻の両親は私たちに娘が生まれた時には大喜びして、行くたびに駅前のレストランで会食をした。畳の部屋で障子につかまり立ちして歩く孫娘に、妻の両親は陽気に騒いでいた。その時の赤ん坊のいたずら遊びした傷が、今も桟にかすかに残っている。

両親は教育という仕事に打ち込み、子どもたちを真っ直ぐに育て、晩年には孫といることが唯一の生きがいの人生であった。几帳面な両親から生まれた彼女と結婚できたことを幸せと感謝している。

何度となく畳が新調され続けた二階の部屋も、家も土地も、まもなく処分することになる。私だって思い出の宿る場所と別れるのは、身を裂かれるほどにつらい。しかし、そうしなければ先へは進めない。

私もあと何年生きられるかわからないが、この頃は朝早くから絵を描く仕事があって良かったとしみじみ感じている。

そして私は天国に行ってもコマゴマと動きまわり、身の周りの片づけをしている気がする。きっと妻はお花畑で新しい友達と晴れ晴れした顔で遊んでいることだろう。

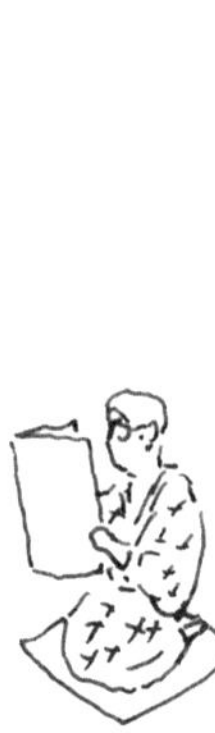

あとがき

片づけは習慣にしたい。私は早朝に起床して、まずは自分のあみだしたタコ体操をする。タコの動きを真似て関節がはずれたように、体をぐにゃぐにゃに五分ほど上下、左右にゆっくり回し終了する。そして白湯を飲み、仕事用の机の周りを片づける。前夜散らばった資料の本や、紅茶のマグカップをキッチンに戻す。机の上を絞った雑巾で拭く。

片づけは短時間で、しかもいくらか強制力をつけながらやらないとだらだらして、中途半端な気分になる。

「今日は靴下の整理」と自分自身を追い詰め、十分間でいいから我慢して片づけ作業に取りかかる。

片づけを習慣にすると、健康、安心、老後の喜びといいことずくめである。思い立った時に片づけるのではなく、ジジイは今後のならわしを片づけ中心にして、そして片づけを趣味にして欲しい。ただし、家族の者に嫌われないために、物音をたてず、大声をあげず、静かに専念すること。

生き抜くためには片づけ、これしかない。


二十数年前、杉並の谷川俊太郎邸で入り乱れて酒盛りをしていた。谷川さんは佐野洋子さんと結婚して、ほんのりとした空気で幸せな時代であった。

私は児童書出版社に勤めていた二十代の頃から佐野さんとは知り合いで、その後「あんたも絵を描きな」と言われ、イラストレーターになり、佐野さんに『本の雑誌』を紹介して、彼女は作家としてデビューした。

おたがいの家が近く、多摩の佐野宅に車で大型の掃除機を運び込み、部屋の片づけや窓拭きをよく手伝ったりしていた。夜はきまってスキ焼を食べ、言いたいことを言って帰宅していた。

二人が結婚したので、そのまま私も移動して谷川宅の掃除や障子の張り替えに汗をかいていた。その時、偶然に遊びに来た茨木のり子さんに「サワノさん、うちもお願い」と言われた。

月日がたち佐野洋子さんが亡くなり、やがて息子の広瀬弦君と会うようになった。弦君は点描画のような細かい線と面で、動物を生き生きと描く。絵本に児童書にと大活躍している。

弦君は佐野さんの北軽井沢の別荘を譲り受け、長期に滞在して絵の作業に没頭している。東京にいると酒飲み友達の誘惑も多く、仕事に没頭できないそうだ。そのアトリエは驚くほどに整っており、創作の源泉にふさわしい。

佐野洋子、谷川俊太郎、広瀬弦と知り合い、学んだことは「暮らし方」であった。三人共に「モノに執着しない」ところが見事である。


谷川俊太郎さんにこの本の推薦文を単刀直入にお願いした時、「いいですよ」と短いひとことが返ってきた。その時、雑巾を手に働いたことがここに実った。

谷川宅はあきれるくらい本が少ない家で、間取りの多い部屋はどこもガランと静寂に包まれている。広いリビングには海外から購入した趣味のラジオコレクションが、画廊の陳列のように並んでいた。

そのコレクションも、思うことがあってか、京都のある大学にすべて寄贈して今はないのだという。

詩人は満足そうである。

二〇二〇年　　沢野ひとし

沢野ひとし（さわのひとし）
イラストレーター・エッセイスト・絵本作家。1944年愛知県生まれ。児童書出版社勤務を経て、書評誌『本の雑誌』創刊時の1976年より表紙と本文イラストを担当。山岳をテーマにしたイラストエッセイで人気を博す。1991年、第22回講談社出版文化賞さしえ賞受賞。著書に『鳥のいる空』（集英社）、『さわの文具店』（小学館）、『中国銀河鉄道の旅』（本の雑誌社）、『人生のことはすべて山に学んだ』（角川文庫）など多数。

ジジイの片（かた）づけ

2020年10月10日　第1刷発行
2023年 3月 6日　第5刷発行

著者　沢野（さわの）ひとし
発行者　茨木政彦
発行所　株式会社　集英社クリエイティブ
〒101-0051　東京都千代田区神田神保町2-23-1
電話　03-3239-3811
発売所　株式会社　集英社
〒101-8050　東京都千代田区一ツ橋2-5-10
電話　読者係03-3230-6080／販売部03-3230-6393（書店専用）
印刷所　大日本印刷株式会社
製本所　加藤製本株式会社

ISBN 978-4-420-31089-5　C0095